*Nos amis
les humains*

DU MÊME AUTEUR

Site Internet : www.bernardwerber.com

Bernard Werber

Nos amis
les humains

THÉÂTRE

Albin Michel

À la mémoire d'Adam, petit ange parti trop tôt.

© Éditions Albin Michel S.A., 2003
22, rue Huyghens, 75014 Paris
www.albin-michel.fr
ISBN 2-226-13793-9

Trois coups résonnent dans l'obscurité. Une vive lumière jaillit brusquement.

Un homme, seul, ébloui, recule en se protégeant les yeux.

En se retournant, il découvre que le mur du fond et les parois latérales font miroir.

Il les longe, les palpe, et se retrouve face à une grande vitre.

L'homme est dans une cage.

Il recule de quelques pas pour prendre de l'élan, puis se rue vers la vitre et s'écrase contre elle dans un grand bruit sourd.

Quelque peu sonné, il se masse l'épaule.

– Ouïe !

L'homme approche lentement son visage de la paroi transparente. Il s'arrête et fixe intensément la vitre comme s'il distinguait au loin un détail intéressant. Son regard dévie et s'arrête encore une fois.

– Hé, oh ! Il y a quelqu'un ? Qui a allumé la lumière ? Qui êtes-vous ?

Il tape sur la vitre – plus fort, cette fois-ci. La main en visière, il scrute ce qui lui sert d'horizon.

– Je sais que vous m'observez. Laissez-moi sortir. Ce petit jeu a assez duré !

Il tape encore et saute comme s'il voulait toucher le plafond. Il revient vers la vitre et, sur un ton plus affable :

– D'accord, c'est très amusant, mais les plaisanteries les plus courtes sont toujours les meilleures. Laissez-moi sortir maintenant. JE VEUX SORTIR D'ICI !

Il s'acharne avec rage contre la paroi, quand, soudain, la lumière s'éteint.

– Hé ! j'y vois plus rien !

La lumière réapparaît. Il aperçoit alors devant lui un monticule indéfinissable. L'homme s'approche avec curiosité.

Il distingue d'abord une chevelure rousse, puis une oreille.

C'est une jeune femme d'une beauté sculpturale.

Elle bouge avec lenteur et se redresse dans un mouvement félin, faisant apparaître un justaucorps en simili peau de tigre et des bas résille.

Il recule. Elle repousse ses longs cheveux roux et dévoile son visage. Elle bâille en se frottant les paupières. Elle le toise, hésite un moment puis pousse un cri.

L'homme sursaute, surpris. La jeune femme le regarde intensément pendant quelques secondes. Mais elle rompt le silence d'un cri plus puissant et plus aigu. On ne sait si c'est pour lui faire peur ou parce qu'elle a peur.

L'homme fait quelques pas en arrière, comme s'il avait affaire à un animal sauvage. S'apercevant de sa crainte, la jeune femme inspire amplement.

– Aaaahhh ! rugit-elle.

Puis elle s'arrête. Ils se regardent sans comprendre.

– Euh..., dit l'homme, embarrassé.

Tels deux animaux, ils ne s'expriment que par onomatopées.

Il cherche une autre formulation :

– Heuh, Heuh...

Elle prend son souffle et rugit comme une lionne pour effrayer une fois pour toutes son vis-à-vis :

– Aaaahh ! Grrr...

L'homme se fige, un peu apeuré. Puis il se reprend et s'avance.

– Euh... Euh... *Do you speak English ?* demande-t-il, avec précaution.

Elle s'arrête, étonnée.

– *Habla español, señorita ? Fala português ? Sprechen Sie Deutsch ?*

La jeune femme continue à le toiser d'un air farouche, terrible.

Il cherche à l'amadouer, tend une main bien ouverte à plat, en signe de paix universelle, puis la tourne pour lui proposer une poignée de main.

— Euh... *hello*, bonjour, mademoiselle... *buenos dias*...

Elle contemple sa main. Puis la saisit et la mord.

Il crie, glisse ses doigts blessés entre ses genoux, et sautille de douleur.

Elle passe derrière lui, lui fait une prise de catch qui le jette à terre et finit par le coincer en plaquant ses genoux sur ses deux bras.

— Ah ! supplie l'homme. Je me rends !

La jeune femme change de position, lui tord un bras et sur un ton menaçant :

— C'est quoi ce binz !

Il affiche un sourire grimaçant.

— Ah... donc vous parlez français...

— Qu'est-ce qui se passe ici ? demande-t-elle, en resserrant sa prise.

— Aïe ! Vous allez me casser le bras. (*Elle serre encore.*) Aïe !

— Je t'écoute !

— Ah, non, lâch... C'est-à-dire... J'ai plus d'air là. Quand vous tirez en arrière, mon épaule bloque ma respiration. Ça appuie sur le plexus. Laissez-moi au moins me dégager, je ne peux pas parler dans ces conditions.

Elle hésite puis consent à le relâcher. Il se relève. Il rajuste sa blouse blanche.

Elle montre les dents, prête à mordre, observant les alentours.

— On est où, là ? demande-t-elle.

— Vous voyez bien. Dans une cage de verre.

La jeune femme s'approche de la paroi et la touche. Dans un mouvement de colère, elle tape contre le mur avec violence.

— Qu'est-ce qu'on fout là ?

— Ça, si je le savais, répond-il.

Elle le regarde avec curiosité.

— Et toi, t'es qui ?

— Je m'appelle Raoul, et vous ?

Il rajuste ses lunettes et sa blouse. Elle se tourne vers la vitre.

— Raoul, on dirait qu'il y a quelque chose par là.

Il la rejoint, et tous deux scrutent la paroi.

— Tout à l'heure j'ai eu l'impression que des gens m'observaient. J'ai aussi entendu des bruits. Comme si des personnes chuchotaient pour ne pas qu'on les entende.

La jeune femme regarde plus attentivement.

– Hé ! Ho ! Au secours ! On est là ! Sortez-nous d'ici. Appelez la police. Au secours ! Au secours !

Elle tape de nouveau contre la paroi.

– C'est inutile. J'ai déjà essayé. Si des personnes nous observent, elles ne veulent pas agir.

– Des « voyeurs », dit-elle, en grimaçant. On serait dans une sorte de peep-show géant... exhibés contre notre gré... à des voyeurs ! Des « voyeurs vicieux satyres » qui payent peut-être même pour ça !

– On appelle cela des « spec-ta-teurs ».

La jeune femme réfléchit, puis, soudain, semble ravie. Elle rajuste sa coiffure, arrange sa tenue, prend des poses. D'un doigt mouillé, elle se lisse les sourcils.

Raoul, inquiet, émet une nouvelle hypothèse :

– Il se peut même qu'il y ait derrière ces miroirs sans tain des caméras qui nous filment pour retransmettre nos images à des millions de personnes.

Elle paraît enchantée.

Raoul s'approche du miroir de droite pour essayer de voir au travers.

Elle s'avance vers la vitre, parle à une assemblée imaginaire :

— Je suis vraiment très, mais alors très très touchée d'avoir été choisie. Je voudrais remercier l'équipe de production qui m'a sélectionnée ainsi que les spectateurs qui vont voter pour moi. J'ai eu une enfance très difficile, mais je préfère ne pas en parler tout de suite. Très jeune, j'ai appris la danse et j'espère vous montrer tout ce que je sais faire.

Elle baisse les yeux et continue de prendre des poses.

Raoul hausse les épaules.

— Je sais faire le grand écart, dit-elle.

Elle s'exécute.

— Et puis ça aussi.

Elle tente une acrobatie, dont elle ne semble pas très satisfaite.

— Quand il y aura la musique, ce sera beaucoup mieux.

— Vous êtes ridicule.

— Je sais aussi faire ça.

14

– C'est de la gloire de supermarché.

Elle se livre à une figure compliquée, accentuant son sourire forcé tout en s'adressant à Raoul.

– Hé, mon pote, si tu n'aimes pas ça, n'en dégoûte pas les autres.

– J'aurais dû m'en douter, à voir votre tenue de Tarzane de quat'sous.

– Tu sais ce qu'elle te dit la Tarzane de quat'sous ? chuchote-t-elle. Bon, j'ai un petit problème avec mon profil gauche. Il faudrait pas qu'ils me prennent sous cet angle. Elle est où, d'après toi, la caméra ? D'habitude, il n'y a pas une petite lampe rouge quelque part quand on filme ?

La jeune femme croyant distinguer quelque chose se tourne vers une caméra imaginaire et entonne une chanson à la mode. Elle se met à danser et fait des claquettes.

Puis elle s'arrête, déçue qu'il ne se passe rien.

– Ça y est, vous avez fini votre numéro ? demande Raoul.

– T'es jaloux parce que t'es même pas capable de faire pareil.

– Ça, c'est sûr. Et je m'en voudrais de m'exhiber de cette manière.

— Mais comment ça se fait qu'on t'a sélectionné ?

— Je me le demande.

— (*À elle-même :*) Et pourquoi il ne se passe rien ?

Elle cesse de sourire et soudain prise de doute :

— Pourquoi il ne se passe rien !

Après un moment d'hésitation, elle lève la tête vers le plafond, comme si des producteurs potentiels y étaient cachés.

— Dites donc, ça vous intéresse ce que je fais ? Ça vous plaît ? Vous me trouvez belle ? Vous voulez que je vous montre autre chose ? Je sais aussi jongler, mais il me faut des balles. Ou des cerceaux. On pourra même les enflammer, il faudra alors baisser la lumière pour qu'on les voie bien dans le noir.

Un temps.

— Je voudrais connaître le règlement. On y a droit, non ? (*À Raoul.*) Il faudrait pas qu'ils abusent de mon droit à l'image. (*Au plafond.*) Hé, si vous filmez, il faudrait qu'on cause argent. Et puis pour la promopresse, je veux d'abord en discuter avec mon agent. Hein ? (*À Raoul.*) Zut, j'ai pas d'avocat et pas d'agent.

Elle le prend à témoin.

– C'est dégueulasse, c'est pas normal qu'ils ne nous aient pas donné à lire le règlement avant. Et toi, Raoul, tu as un agent ?

Il est absorbé dans ses pensées.

– Ça s'est passé vers midi. J'étais en train de travailler. Un brouillard a surgi derrière moi, je me suis retourné et hop, black-out complet.

– Heu... Moi, pareil ! Ça doit être leur nouvelle manière de procéder. Ils n'attendent plus de faire des castings, ils prennent les gens, comme ça, au hasard directement chez eux ! Je ne sais pas ce qu'il y a à gagner. Peut-être un château ou un avion, ou peut-être même une voiture de course de collection. J'ai toujours rêvé de rouler en Ferrari.

Raoul tourne en rond et tape sur les parois pour les sonder.

– T'as tort de pas montrer ce que tu sais faire. Tu vas te faire éliminer. (*Avec enthousiasme, elle se met à faire des claquettes.*) Qu'est-ce que t'as à perdre ?

Elle prend des poses. Elle fait la roue, montre différents mouvements.

– Ma dignité d'*homo sapiens*.

Elle hausse les épaules et prend la posture du poirier.

– Oh ! là ! là ! Comment tu causes, toi !

– Je parle normalement. Ce n'est pas ma faute si être inculte et sans vocabulaire est considéré du dernier chic.

– Attends. Avec ta blouse javellisée, ta coiffure en dessous de bras et tes lunettes de taupe, faut pas être sorcier pour voir que tu comprends rien à la mode.

– C'est ça, la mode ? Livrer des humains en pâture à d'autres humains pour qu'ils se rendent compte à quel point ils sont risibles... Ce n'est même pas nouveau. Les Romains de l'Antiquité faisaient déjà ça avec les gladiateurs. Du pain et des jeux. Vous avez vu *Ben Hur* ?

– Bonjour les références ! C'est des trucs de vieux, ça ! D'ailleurs, tu m'as l'air vieux. Même gamin, t'étais déjà vieux, je suis sûre.

– Si pour vous être jeune, c'est regarder ce genre d'émission pour décérébrés, en effet, je me revendique comme vieillard. Il faut dire que, de mon temps, ce qu'on aimait à la télé, c'étaient les séries de science-fiction genre *Star Treck* ou *Le Prisonnier*. Au moins, les dialogues avaient un sens. D'ailleurs, *Le Prisonnier* c'était peut-être la *reality* TV avant l'heure. Des gens enfermés sur une île et observés par des caméras. Comme nous...

– Ce que je ne comprends pas, c'est qu'on soit pas plus nombreux. D'habitude, ils sont une dizaine et puis, peu à peu, le public les élimine l'un après l'autre. Là, il n'y a que toi et moi, le choix va être rapide.

– Et si on était dans un de ces stages de survie pour cadres surmenés ? Moi, j'en ai déjà suivi avec mes collègues. Ils nous ont enfermés dans une cellule de prison et ils nous ont observés. Ils voulaient savoir comment nous nous comportions en équipe et en situation de tentative d'évasion simulée. On revoyait ensuite toutes nos actions en vidéo. Et puis on était notés.

– Je ne suis pas cadre.

– Attendez, dit-il, avec ironie, laissez-moi deviner... Meneuse de revue, entraîneuse de cabaret ? Animatrice de club de vacances ? Strip-teaseuse ?

La jeune femme retrouve son rictus carnassier.

– Pauvre type.

– Excusez-moi, j'essaie de deviner. Avec cet accoutrement, je ne peux pas savoir. C'est quoi votre nom, d'ailleurs ?

– Qu'est-ce que ça peut te foutre ?

– Si vous le prenez sur ce ton... Je vous signale que, si public il y a, il doit vous trouver antipathique. C'est un truc à se faire dégager au premier vote.

Elle réfléchit.

– Mais vous avez de la chance, je suis fair-play. Donc, si vous le voulez bien, recommençons la scène des présentations. Ils arrangeront ensuite au montage. (*Il prend un ton artificiel.*) Tiens, bonjour mademoiselle. Je m'appelle Raoul Méliès, et vous ?

Il lui tend la main. Elle la regarde, hésite encore un peu, se tourne vers le public, puis, soudain, affiche un air faussement ravi.

– Samantha Baldini.

– Et vous faites quoi dans la vie, mademoiselle Baldini ? Actrice, je présume ?

Samantha adopte le ton de Raoul :

– Non, pas actrice, mais quand même artiste.

– Peintre ? Sculptrice ? Musicienne ? Danseuse étoile ? Plasticienne ?

Samantha fronce légèrement les sourcils car elle ne connaît pas le sens du dernier mot, mais se reprend rapidement.

— Pas exactement, disons : « artiste de cirque » ! Je suis une dresseuse de tigres.

— Dresseuse de tigres ? Eh bien dites donc, ça ne court pas les rues. Vous devez être très courageuse. Ils ne vous ont jamais fait de mal, ces fauves terrifiants ?

Samantha parle en jetant des regards et des sourires comme si elle était en piste.

— Non, ça va. Merci de t'en inquiéter, mon cher Raoul. C'est, comment dire..., un vrai métier. On apprend très jeune à surmonter sa peur.

— Excusez-moi, je ne suis pas de la partie, mais, votre tenue, elle est faite pour être assortie à vos... partenaires ?

— En effet. C'est mamie Antonietta qui l'a cousue spécialement pour moi. Et sinon, pour finir de répondre à votre question, c'est vrai, j'ai le trac à chaque représentation. Je sais bien que ce sont de gros chatons, d'ailleurs vous allez rire (*elle émet un rire forcé, regarde autour d'elle*), dans le cirque on les appelle familièrement les « gros chatons ».

— Il n'y a jamais eu d'accident ?

— Disons que... tonton Pepperoni s'est quand même fait égratigner un testicule par Terminator, un vieux mâle parano. Heu... depuis, avec tata Nathalia, ils se disputent beaucoup.

Raoul arbore le sourire contraint d'un animateur de télévision faussement intéressé.

– Ah bon ? Eh bien, merci de nous faire découvrir votre univers artistique, ma chère Samantha. C'est vraiment passionnant. Je peux vous appeler Sam ?

Raoul conserve son sourire factice. Samantha hésite.

– Mais bien sûr, monsieur Raoul.

Il éclate de rire. Elle comprend qu'il se moque d'elle.

– Non, mais attends, et toi, avec ta blouse blanche, tu fais quoi dans la vie ? Laisse, je vais deviner. Fromager ? Charcutier ? Ah non, tu causes trop bien... Psychiatre. Réducteur de têtes. Laveur de cerveau pour...

– Je suis un scientifique. Je fais de la recherche pour faire avancer le savoir.

– Fabricant de virus mortels ?

– Je travaille pour une importante firme de cosmétiques.

– Tu ne serais pas un de ces gros dégueulasses qui font souffrir les bêtes ?

– Nous effectuons ces expériences pour vous, pour votre sécurité, pour que vous n'ayez point de boutons, de démangeaisons, ou d'allergies. Il faut bien vérifier sur quelque chose de vivant.

– C'est bien ce que je pensais, tu fais de la « vivissission »...

– Vivisection, rectifie-t-il.

– J'ai vu ça à la télé. C'est monstrueux.

– Il ne faut pas croire non plus tout ce que vous voyez aux actualités.

– Il y a des images qui ne s'inventent pas. Vous exposez des hamsters pendant des heures sous des lampes UV pour voir l'effet des crèmes solaires. C'est vrai ou faux ?

– C'est pour mieux te faire bronzer, mon enfant.

– Vous coupez la tête des singes pour voir si elle continue à fonctionner sans le reste du corps !

– C'est pour mieux soigner tes migraines, mon enfant.

– Vous mettez du shampooing dans les yeux des lapins !

– C'est pour mieux protéger ta cornée des irritations, mon enfant.

– Tu es vraiment une grosse enflure pourrie.

Raoul la nargue.

– Et encore, vous ne savez pas tout ! dit-il. J'ai des collègues à côté qui travaillent sur la malaria. Ils doivent disposer en permanence de moustiques vivants. Et vous savez comment ils les nourrissent ? Ils introduisent un lapin dans l'aquarium. Tous les moustiques se précipitent sur lui, le recouvrent comme une fourrure noire et ensuite, quand ils s'en vont, le lapin est vidé, tout plat, tout sec...

– Arrête ou je te pète la tronche.

Imperturbable, Raoul poursuit, amusé par ses propres évocations :

– ... Récemment, pour savoir si les téléphones portables provoquent des cancers du cerveau, on a attaché des souris pendant des semaines à un téléphone cellulaire allumé. On ne sait toujours pas si cela leur file le cancer, mais elles finissent par trembler de tous leurs membres...

– Si j'étais pas coincée ici, je te dénoncerais aux tribunaux. Les mecs comme toi, ça devrait être en taule.

Elle se tourne et s'adresse à son public supposé :

– Vous êtes d'accord, hein ? Ce type est vraiment ignoble.

– Non mais, vous vous prenez pour qui ? C'est pour vous satisfaire, vous les consommatrices exigeantes, qu'on fait toutes ces expériences. Achèteriez-vous un shampooing ou une crème dont on ignore les effets secondaires ?

– Facile de mettre ça sur le dos des consommatrices. Elles n'en savent rien. Et vous en profitez. Tout ça, c'est juste pour se faire du fric.

– Êtes-vous prête, dans ce cas, maintenant que vous savez, à utiliser un rouge à lèvres non testé ?

– Pauvre type !

– Ce n'est pas une réponse. Ce que vous devriez faire, c'est directement vous badigeonner les lèvres de sang. C'est garanti naturel, sans allergies. Ce serait pas mal pour votre grand numéro de cirque.

– T'es mignon, tu ne causes pas de ce que tu ne connais pas.

– Parce que vous croyez que j'ignore comment vous les dressez, vos tigres ? Vous leur brûlez les pattes au fer rouge !

– On ne fait ça qu'au début. Ensuite, mes chatons sont très fiers d'être applaudis. Ça n'a rien à voir.

– Ça a complètement « à voir ». Dans les deux cas, ce sont des bêtes qui souffrent pour notre plaisir. Vous ne croyez pas que vos tigres seraient mieux auprès de leurs petits dans la jungle, plutôt que d'être trimballés dans des cages rouillées, nourris de croquettes à base de déchets et exhibés devant des foules bruyantes ? Vous croyez que ça les amuse, vos « gros chatons », de faire le beau pour vous ?

– Ils m'aiment !

– Si vous êtes si sûre de leur affection, entrez dans leur cage un jour où vos « gros chatons » n'auront pas mangé. Sans fouet et sans bâton, on verra à quelle sauce ils vous « aiment ».

– Ça ne me ferait pas peur.

– Ah ouais, j'oubliais : toujours prête à tout pour se faire remarquer.

– T'as rien compris, le cirque c'est gentil. C'est pour faire plaisir aux enfants.

– Ben, voyons. Pour faire plaisir aux enfants, vous torturez des animaux devant eux ! Logique. Mes expériences ont au moins la décence d'être accomplies dans la discrétion.

– Espèce de...

Elle se jette sur lui.
Ils se battent. Elle a facilement le dessus.

– Décidément, gémit-il, c'est vraiment difficile de dialoguer avec vous.

Samantha l'étouffe.

– Excuse-toi, tout de suite !

– Plutôt crever.

Soudain, bruit et éclairs.
Ils se séparent d'un coup comme s'ils avaient reçu une forte décharge électrique.
Raoul et Samantha sont projetés aux deux extrémités de la pièce. Ils se regardent, étonnés par le choc.

– C'est quoi, ça ? demande-t-elle, inquiète.

– Décharge électrique. Du cinq cents volts, je dirais. Ça venait du sol. Le plancher est conducteur. Nous ne pouvons pas nous y soustraire, il n'y a pas d'endroit surélevé où se tenir.

Raoul frissonne.

– Oh, ça fait mal, dit-elle, en se frottant les côtes.

Raoul, tourné vers la vitre :

– Hé, vous n'avez pas le droit ! Je me plaindrai à Amnesty International. Ça ne se passera pas comme ça. Je veux sortir. Je décide de sortir. Hé, vous entendez ? Je sors de l'émission, je ne joue plus.

La grimace de Samantha se change en un sourire béat.

Transfigurée, elle s'agenouille, joint les mains et se met à prier.

– Qu'est-ce que vous faites ?

Elle ne répond pas et continue de prier.

– Ça vous a court-circuité la cervelle ?

– Tais-toi, mécréant.

– J'ai droit à une explication.

– Tu n'as pas compris ? Ce qu'on a ressenti, cette décharge, ce n'était pas de l'électricité, c'était la... foudre. « Sa » foudre.

Silence.

– Je crois... je crois qu'on est morts. Ouais. On est morts. Toi et moi, on est... morts.

– Elle délire complètement.

– Tu ne piges pas ? Le brouillard, l'endormissement, la lumière blanche. On a eu une crise cardiaque et on s'est réveillés ici au...

– Allez-y.

– Au pa-ra-dis.

Raoul éclate de rire.

— Au paradis ? Et eux en face (*il montre la vitre transparente*), ce serait quoi ? Des anges ?

— Nos juges célestes. Ils ne disent rien, ils observent. Ils vont me juger. Ils voient ma vie. Ils me voient petite fille. Ils me voient adolescente. Ils me voient maintenant. Ils savent tout sur moi.

Elle s'adresse au « public » :

— Pardonnez-moi. Pardonnez moi. Oh, comme je regrette tout le mal que j'ai pu faire.

— C'est vrai. Elle est un peu... (*il se frappe la tempe du doigt*). Excusez-la.

— Je veux expier pour mes péchés. Rédemption. Je suis prête à la rédemption.

Du poing, elle se frappe le cœur.

— J'ai été fainéante, avare, orgueilleuse, jalouse, j'ai menti et j'ai même été gourmande.

— Vous n'auriez pas une cigarette ?

Samantha continue de psalmodier :

— « Seigneur, je ne suis pas digne de rentrer dans Ta demeure, mais dis seulement une parole et mon âme sera guérie. »

— Et si, au lieu d'être des anges, ceux qui nous observent étaient des... démons ?

– Pardonnez aussi à ce païen, il ne se rend pas compte.

– On voit le « païen » dans l'œil des autres mais on n'y voit pas l'« apôtre » qu'il y a chez soi.

– Tu peux pas la fermer, ta grande gueule ? J'essaie de sauver la situation.

– Je trouve que l'hypothèse de l'enfer tient mieux la route. On a toujours visualisé l'enfer comme une sorte de caverne-sauna-thalassothérapie, en plus chaud et en plus mal fréquenté. Mais le vrai enfer, c'est ça. Un lieu clos, vide, silencieux, froid. Incompréhensible. La sensation d'être épié sans savoir qui vous épie. L'enfer, c'est (*il montre la vitre*) le regard silencieux des autres.

– Quel malheur de vivre sans la foi !

Raoul s'approche d'un mur et y contemple son reflet.

– Et si nous réfléchissions calmement, propose-t-il.

– Je n'ai pas besoin de réfléchir, je sais.

– Et moi, plus je vous vois et plus je doute.

– Doute du doute et tu croiras.

– Désolé, je ne crois que ce que je vois. Et je vois que je suis dans une sorte d'aquarium, enfermé avec une femme en tenue léopard. Point barre. Je me touche le poignet et je sens mon pouls. Je me touche la poitrine et je sens mon cœur. J'en déduis que je suis vivant et sain d'esprit et que vous, par contre, vous commencez à devenir dingue.

– Il y a deux ans, dit Samantha en se tournant vers lui, on m'a prêté une tigresse d'un autre cirque parce que la mienne avait la grippe. Elle voulait pas répondre aux ordres. Je la sentais menaçante. Quand j'ai insisté, elle a bondi gueule ouverte et, durant quelques secondes, j'ai été à sa merci. Comme par miracle, elle s'est soudain arrêtée. Elle m'a regardée et j'ai vu dans ses prunelles qu'elle était « habitée » par le Saint-Esprit. Je me suis mise à genoux, j'ai prié et la tigresse m'a léché la joue.

– Comme sainte Blandine, dit-il, narquois.

– Parfaitement, comme sainte Blandine. C'est là que j'ai compris que ma vie ne m'appartenait pas et que j'étais SA servante.

Elle se remet à genoux et prie en silence.

– Entendre cela en plein XXIe siècle ! s'indigne Raoul.

– Sans spiritualité, l'homme n'est qu'un sac de viande.

– Je n'ai jamais prétendu être quoi que ce soit d'autre.

– C'est étonnant quand même ! Tu ne crois pas en Dieu, mais tu crois dans les machines. Mais on ne sera pas sauvés par la technologie. Vous aidez juste les machines à nous transformer en esclaves.

À ce moment un téléphone sonne. Le bruit est diffus, on ne peut le localiser avec précision.

Raoul et Samantha regardent vers la vitre avec un air de réprobation. Comme si un observateur quelconque avait oublié de fermer son portable.

Nouvelle sonnerie. Leur regard se fait insistant.

Troisième sonnerie, ils cherchent des yeux d'où provient le bruit.

Quatrième sonnerie, Raoul se palpe, fouille dans ses poches.

– Mon portable ! (*Il sort un petit téléphone mobile.*)

Il le porte à son oreille et prend un air dépité.

– C'est qui ? demande Samantha.

– C'est mon réveil. (*Il appuie sur un bouton pour désactiver la sonnerie.*) J'utilise aussi mon portable comme réveille-matin.

– Réveille-matin ? Mais alors, c'est le matin ?

– C'est vrai, nous ne nous sommes jamais demandé combien de temps s'était écoulé depuis notre kidnapping.

– C'est pas inscrit sur ton « téléphone-réveille-matin » des fois ?

Il regarde, impressionné.

– Si. Il indique que la dernière fois que j'ai utilisé cette machine, nous étions le 17 décembre. Aujourd'hui nous sommes le 24 ! Cela fait donc une semaine.

Elle s'approche.

– Le 24, dis-tu..., Noël ?

Il compose un numéro, attend. Comme il n'obtient pas de réponse, il compose un autre numéro.

– Toujours pas de réponse. Ça ne capte pas.

Intrigué, il poursuit :

– Ce que je ne comprends pas, c'est qu'il n'y a même pas de signal faible.

Il tourne en rond et continue de tripoter son portable.
Sans résultat.
Il s'assoit en tailleur près de Samantha, toujours à genoux, immobile. Raoul regarde fixement devant lui.

— Samantha, je vais rester immobile comme vous, telle une statue. Il ne se passera rien et nous ferons baisser l'audimat. Ils finiront bien alors par nous relâcher.

Au bout d'un moment on entend un gargouillis.

— J'ai faim, gémit Samantha, en se massant l'estomac.

— Je croyais que nous étions au paradis. Normalement nous ne sommes pas censés ressentir des besoins vitaux.

— J'ai faim. J'ai soif. J'AI FAIM !

— Personne ne viendra. Nous sommes comme Robinson Crusoé et Vendredi, abandonnés à notre sort.

— Tu m'énerves.

— Si personne ne vient, nous finirons par nous manger mutuellement.

— Berk ! Si tu crois que tu as l'air comestible.

— Personnellement, je vous trouve plutôt appétissante.

Il se lèche les babines.
Elle veut lui donner une gifle. Il retient à temps son poignet.
Elle essaie avec l'autre main.

– C'est le problème avec les intégristes, dit-il, en lui agrippant les poignets. On ne peut pas discuter, vous passez tout de suite à la violence.

– Lâche-moi. Espèce de...

Tout à coup, il tombe une pluie de chips.
Raoul relâche sa prise.
Samantha attrape des chips.
Il en ramasse aussi et les observe avec beaucoup d'attention

– C'est quoi, ce truc ? demande Samantha, intriguée.

– La consistance est étrange, on dirait des chips.

Il les approche de son nez.

– Ça ne sent rien.

Elle renifle et se tournant vers Raoul :

– Tu crois que ça se bouffe ?

– Il faudrait essayer.

– Vas-y, toi.

– Pourquoi moi ?

– Ben... C'est toi le scientifique.

Raoul hésite puis grignote un tout petit morceau.

– Alors ?

– Ni mauvais ni bon. C'est entre le pain et le carton.

Elle goûte à son tour.

– Mais c'est délicieux ! s'exclame Samantha. On dirait des hosties.

La jeune femme ramasse les chips et les avale à pleine bouche.

– En tout cas, voilà qui vous prouve définitivement que nous ne sommes ni au paradis ni en enfer, dit-il, d'un ton docte. Si nous absorbons des nutriments, c'est que nous sommes encore dans le monde matériel.

– Tais-toi et mange.

– Nos kidnappeurs sont subtils. Ils nous testent. Ils observent nos comportements et ils réagissent en fonction de nos actes. Comme vous avez pu le constater, la nourriture est tombée quand nous nous sommes tenus par les poignets. Ce n'est probablement pas un hasard. Je vais vous montrer.

Il se penche vers elle.

– Bas les pattes !

Samantha fait mine de lui donner une gifle.

Raoul lui saisit fermement les poignets, la nourriture tombe à nouveau.

– Vous voyez ? J'ai raison. Chaque fois que nous nous touchons ainsi, ils nous envoient de la nourriture.

– Et t'en conclus quoi, monsieur Je-sais-tout ?

Il lève la tête, inquiet :

– Ils attendent quelque chose de nous.

Elle lève la tête à son tour, inquiète elle aussi :

– Quoi ?

– Je récompense mes hamsters avec des croquettes lorsqu'ils ont accompli ce que j'ai souhaité. Vous devez faire de même avec vos tigres, non ?

– Je nourris les miens à la viande rouge, pas à la croquette chimique. Sinon, ils ont des renvois.

– Pour les êtres qui nous épient, dit-il, en observant le plafond, quels qu'ils soient, lorsque nous nous tenons ainsi, par les poignets, ils considèrent que c'est un comportement « positif ».

Samantha s'immobilise un instant puis se remet à genoux.

— Ce ne sont ni des hosties ni des chips, c'est... la manne céleste, dit-elle avec gravité.

— Ah, les mystiques...

— Comme Moïse dans le désert. Dieu ne nous a pas abandonnés.

— Hé, Dieu ! Si tu m'entends, t'as pas aussi un sandwich jambon-beurre-cornichons et une petite bière ? Et une cigarette ?

Samantha ne rit pas.

— Ils nous font le coup de la carotte et du bâton, poursuit-il. Choc électrique pour nous punir. Nourriture pour nous récompenser.

— On subit ce qu'on a fait subir aux animaux.

— Alors, vous pensez qu'ils vont vous brûler les pieds au fer rouge et qu'ils vont me mettre du shampooing corrosif dans les yeux ?

— Comme je regrette d'avoir fait souffrir autrui !

— C'est vrai, c'est quand même dégueulasse ce qu'elle a fait.

— J'ai péché.

— Ça recommence. La culpabilité, il n'y a que ça de vrai.

— J'ai péché. Et je suis punie.

– Vous, vous êtes quelqu'un qui mérite d'être puni. (*Il regarde le plafond.*) Mais en ce qui me concerne, je ne comprends pas.

– La ferme !

– En plus, vous êtes vulgaire. C'est l'un des sept péchés capitaux ça, la vulgarité !

– Je vais te la faire boucler, ta grande gueule !

– Vulgaire, violente, vorace. C'est vrai que ça fait beaucoup de choses à se faire pardonner. Et on pourrait aussi dire que vous êtes brutale, superstitieuse, avide, exhibitionniste, capricieuse, complètement hystér...

Elle s'élance pour le gifler, mais il se baisse et l'évite de justesse.

Il se met en garde, comme un boxeur prêt à combattre.

– Hystérique... Cette fois, vous ne m'aurez pas par surprise. J'ai pratiqué la boxe thaï dans ma jeunesse.

– Je t'ai eu une fois, je t'aurai toujours.

Ils se défient. Elle lui décoche un coup de pied dans les tibias. Il se plie de douleur.

– Aïe. Mais elle est folle. Ça fait mal.

– Allez hop ! Couché, le fauve. Gentil. Hein ? Gentil. Ho... (*Elle tourne autour de lui avec des gestes de dompteuse de tigres.*) Oh. Tout doux. Calme. Gentil.

– Bon. (*Il hausse les épaules.*) Je crois que nous allons avoir du mal à nous entendre. Alors, je vous propose de nous organiser.

– On n'a qu'à définir nos territoires. (*Du pied, elle trace une ligne au milieu de la pièce.*) De là à... là, c'est chez moi. De l'autre côté, c'est chez toi.

Elle aligne des chips pour concrétiser la frontière.

– J'ai lu une étude de sociologie expliquant que nous étions des animaux fondamentalement solitaires et territoriaux. Voilà qui confirme cet article. D'ailleurs, même quand j'étais marié, finalement c'était la même chose. Nous définissions l'espace de chacun dans le lit. Pareil pour la couette, le canapé, et même pour l'étagère dans la salle de bains. Le sens du territoire est l'un des fondements de notre espèce.

Samantha continue à disposer ses chips en ligne.

– T'étais marié, toi ?

Raoul porte la main à son cœur comme s'il avait des médailles sur la poitrine.

– Marié, divorcé, remarié, re-divorcé, en voie de remariage.

– Ça m'étonne pas, remarque. J'imagine mal le genre de bonne femme qui pourrait te supporter à temps complet.

– C'est toujours moi qui suis parti. Les femmes ont trop tendance à vouloir grignoter pour agrandir leur territoire. Ça va des week-ends de plus en plus fréquents chez les beaux-parents, jusqu'au dernier bastion du pouvoir...

– ... Attends, laisse-moi deviner. Le premier qui pique la salle de bains le matin ?

– Non. La télécommande de la télévision. Voilà le révélateur ultime de l'autorité conjugale. Détenir la « commande de la télévision », c'est décider du programme de toute la soirée. Quand l'homme renonce à ce dernier symbole, c'est qu'il a tout perdu.

– Tous les hommes qui ont de grandes théories sur les femmes sont des hommes qui ont peur des femmes.

– C'est vrai. J'ai peur des femmes. Mais j'ai aussi peur des hommes. Je suis misanthrope et fier de l'être.

– Encore tes grands mots compliqués.

– Misanthrope, ça signifie qui n'aime pas les humains en général.

Raoul affiche un sourire désabusé :

– En fait, je n'aime pas les gens. Je n'aime pas la populace stressée des villes, je n'aime pas les bouseux des campagnes.

– Eh bien, tu dois être servi ici !

– J'essaie d'être cohérent dans mes actes. Je n'aime pas la politique, je ne vote pas. Je n'aime pas les enfants, je n'en fais pas. Je n'aime pas les chiens, je n'en prends pas. Je n'aime pas la télé, je n'en ai pas. Je n'aime pas le cirque, je n'y vais pas.

– T'aimes quoi exactement ?

– J'aime... ne pas aller skier en hiver. J'aime... ne pas aller m'entasser sur les plages en été. J'aime ne pas être dans les embouteillages aux heures de pointe. J'aime être indifférent aux résultats de l'équipe de foot de ma ville natale. J'aime ne pas acheter de cadeaux dans les magasins bondés à la Noël. J'aime échapper au devoir de se saouler la gueule au champagne le soir du Nouvel An.

– On doit pas rigoler tous les jours avec toi.

– Je n'aime pas cette obligation de sourire et de rire comme si tout allait bien. C'est vrai, je ne suis pas un marrant, mais je ne fais pas semblant d'être heureux. Et comme je suis dans la réalité, le soir je dors bien sans alcool, sans drogue, sans tranquillisant, sans somnifère, sans tous ces produits qui permettent de supporter les autres et de croire qu'on est heureux.

Samantha réfléchit.

– Eh bien moi, j'aime... plein de choses. J'aime ma famille, j'aime ma maman qui fait si bien les lasagnes aux anchois et aux brocolis, j'aime tonton Pepperoni, qui nous raconte des histoires du pays le soir à côté du four à pizza. J'aime tata Nathalia, qui a vraiment son franc-parler. J'aime voir ma cousine Tiziana danser quand Emilio joue de la guitare et que Luigi l'accompagne au bandonéon. J'aime l'odeur des oignons revenus dans l'huile d'olive, j'aime le ragoût à l'origan qui rissole en faisant des bulles dans la marmite. J'aime les blagues cochonnes d'Emilio qui me font rougir. J'aime mes tigres, même s'ils ne sont pas toujours de bon poil. J'aime les spectateurs qui payent pour venir me voir, j'aime ces observateurs qui « peut-être » nous regardent. J'aime ce Dieu qui nous regarde « sûrement ».

– Vous vivez dans un monde de guimauve.

– J'aime mon enfance. J'aime quand je me faisais des bleus aux genoux en jouant aux billes avec les garçons de la ménagerie. J'aime le fou rire que j'ai eu la première fois où j'ai vu du crottin d'éléphant. J'aime ces petites secondes où les spectateurs applaudissent après mon numéro. Même s'ils applaudissent mollement, même s'il n'y en a qu'une dizaine, je m'enivre de chacun des impacts de leurs mains. C'est ça ma drogue, c'est ça mon calmant. Et je dors très bien la nuit, moi aussi.

– Heureux les simples d'esprit, le royaume des cieux leur appartient.

– Tu craches sur ton espèce parce que tu n'arrives pas à la comprendre. Tu es surtout un lâche.

– L'homme, dans son ensemble, est un animal lâche. Je le sais, je fréquente les souris, les hamsters, les lapins. Et ce qu'ils endurent, l'abnégation et le courage avec lesquels ils supportent nos supplices forcent finalement mon admiration. Quand je les fais souffrir, je ne peux m'empêcher de les respecter...

– Tu ne vas pas me dire que tu admires tes victimes !

– Elles sont stoïques devant la douleur. J'ai vu des souris blanches de laboratoire tuer leurs petits pour leur épargner mes expériences. Elles avaient tout compris. Et elles essayaient de limiter les dégâts pour ceux qu'elles aimaient. Alors que nous autres... Tenez, nous deux, regardez notre comportement, il alterne entre la panique et les disputes.

— C'est toi qui...

— Et vous, vous êtes mariée ?

Elle hésite.

— J'attends de rencontrer l'homme de ma vie.

— Le Prince Charmant ! Quand vous m'avez dit que vous croyiez aux actualités, j'ai trouvé cela... naïf. Quand vous m'avez dit que vous croyiez en Dieu, j'ai trouvé cela... touchant. Mais quand vous m'annoncez que vous croyez au Prince Charmant, je trouve cela...

— Débile ?

— Rare. Comment ont-ils fait pour vous dénicher ? Franchement, je croyais que votre engeance avait complètement disparu.

— Ça te la coupe, hein ?

— C'est mignon, les rêves de midinettes.

— Je sais qu'il m'attend quelque part. Un jour, je le rencontrerai. Et on se mariera et on aura cinq... non... six... non cinq... (*Décidée.*)... oui, cinq enfants.

– Et comment allez-vous le reconnaître, l'homme de votre vie ?

– Au premier baiser...

– L'histoire de la grenouille qui se transforme en prince quand on l'embrasse ?

– Parfaitement.

– Vous avez dû en tester une bonne quantité, je présume ?

– Pour l'instant, aucun n'a provoqué l'effet « magique ».

Samantha se fait rêveuse.

– C'est quoi l'effet « magique » ?

– ... C'est indescriptible, répond-elle, exaltée. C'est ce qui fait qu'on sait. La révélation absolue. Le frisson énorme, total, la vague qui monte et qui ravage tout, le « coup de foudre » !

– Ouais, c'est ça ! Et au bout d'un an, il ne vous regarde même plus. Alors on voit qui devient le gardien de la télécommande.

– Pas lui. Il sera au-dessus de ces mesquineries.

– J'imagine très bien comment doit se dérouler votre parade amoureuse. Vous les séduisez durant votre spectacle de cirque avec votre tenue de sauvageonne. À la sortie, ils roucoulent. Ils font le beau. Ils se pavanent et vous faites votre choix.

– Non, en général, ça se passe en boîte.

– J'oubliais. Ce sont les nouveaux rituels de « sélection des partenaires ». Ça se passe dans l'obscurité pour qu'on ne puisse pas distinguer vraiment le physique de l'autre. Et dans le bruit pour éviter toute conversation.

– J'aime danser ! Et alors ? Il n'y a pas de mal.

– Et après, on s'étonne que l'espèce dégénère. Il faut voir comment les couples se choisissent. Dans l'obscurité et le vacarme. C'est le darwinisme à l'envers : ce sont les plus nuls qui s'accouplent et se reproduisent.

– Certaines nuits, je le vois en rêve. (*Elle s'assied en tailleur avec lenteur.*) Il est beau. Il est grand, il est blond aux yeux bleus, il joue du piano et...

– Et il est acteur pour une publicité de dentifrice.

– Tu es jaloux parce que tu as raté ta vie.

– Vous préférez être heureuse dans vos illusions ?

– Ton seul plaisir est de casser les rêves des autres.

– Remarquez, je vous comprends. Moi aussi,

par moments, j'aimerais être naïf, ça doit être très reposant.

— Le mieux, tu vois, c'est qu'on reste chacun dans son territoire. Toi là, moi ici. Et de là à là, on passe pas, vu ?

— Ben... il faudra quand même se donner rendez-vous au milieu pour se tenir les poignets... On doit manger, non ?

— OK. Mais si je vois la moindre attitude équivoque ou la moindre provocation, je...

— Oui, je sais, vous m'arrachez une oreille ou vous me crevez un œil.

— Hmmm... (*Samantha paraît chercher quelque chose.*) Encore un point. Il n'y a pas de toilettes, ni de meubles pour se cacher... donc, quand j'aurai une petite envie, je te demanderai de détourner la tête et de te boucher les oreilles.

— Pas de problème. D'ailleurs, je vous retourne la demande.

— Tu vois, quand tu fais un petit effort, tu es presque supportable.

— Je ne sais pas combien de temps nous allons rester là, mais j'espère qu'ils ont pensé à un système de litière.

— Et à nous donner de l'eau. J'ai de plus en

plus soif. C'est à force de parler, ça m'assèche la gorge. À boire ! À BOIRE ! À BOIRE !

— Nous avons trouvé comment leur faire comprendre que nous avons faim, il faudrait tester d'autres gestes pour la soif.

Raoul s'avance et la prend par surprise dans ses bras.

Il la serre contre lui, elle se débat.

Soudain la lumière s'éteint.

Un temps.

Quand elle se rallume, on découvre une roue posée verticalement au milieu de la scène, entre les deux territoires.

— C'est quoi, ce truc ? demande Samantha.

— Une roue géante.

— Et ça sert à quoi ?

— Quand j'en mets dans les cages de mes hamsters, c'est en général pour les occuper et qu'ils se dégourdissent les pattes.

Samantha se dirige doucement, telle une victime expiatoire, vers la roue, s'y installe et entreprend de la faire tourner.

— Qu'est-ce que vous faites, Samantha ?

Elle court de plus en plus vite dans la roue.

— C'est une histoire de fous. (*Il s'assoit.*)

49

– Mais non ! dit-elle, en ralentissant un peu la roue. Il suffit d'accepter son sort au lieu de toujours vouloir lutter contre la « roue du destin ».

Elle se remet à tourner.

– Stop ! Samantha, cessez ce jeu puéril, je vous en prie !

– Je fais ce que je veux.

– Là, j'ai vraiment besoin d'une cigarette.

– C'est l'occasion idéale pour arrêter.

– Je fumais deux paquets par jour. Et ici je ne pense pas trouver des patchs.

Samantha arrête la roue.

– Raoul, tu veux essayer ? On ne pense plus à rien quand ça va vite. Ça donne même des hallus, c'est pas désagréable.

– En transpirant vous aurez encore plus soif.

Il regarde la roue, puis se frappe soudain le front.

– Bon sang ! Comment n'y ai-je pas pensé plus tôt !

– Quoi ?

– Ils nous donnent la nourriture quand nous nous tenons par les bras. Pourquoi, selon vous ?

– Je ne sais pas.

– Ils nous infligent des décharges électriques lorsque nous nous battons. Pourquoi, selon vous ?

– Ça suffit, les devinettes...

– C'est un jeu, c'est un spectacle, il y a un public. On nous donne du matériel pour hamsters afin de voir si nous allons nous comporter comme eux. On nous encourage précisément dans une voie.

– Laquelle ?

– Ils... Ils veulent que nous... fassions l'amour.

– Ça va pas la tête !

– Réfléchissez. En nous aimant, nous terminerons le spectacle plus tôt, et nous pourrons rentrer chez nous. Et je vous rassure, s'il y a un prix, je vous donne ma part.

Elle a un mouvement de recul.

– N'ayez pas peur, Samantha. Approchez.

Elle s'approche, méfiante.

– Allons, franchissez la frontière, je vous invite chez moi.

Il lui prend la main et la tire vers lui.
Des chips tombent du plafond.

– Maintenant, embrassez-moi.

– Bon, on s'emballe pas. Tout va bien. Alors tu m'écoutes, Raoul, la réponse est... (*elle hurle*) NON !

– Juste sur la joue.

– Il n'en est pas question !

– Faites pas la gamine. Considérez cela comme une expérience scientifique.

– Le bon prétexte.

– Il faut que nous sachions.

Elle hésite.

– Tu jures de ne pas profiter de la situation ? De toute façon, je t'avertis que...

Raoul l'embrasse sur la joue. Aussitôt la lumière s'éteint.
Quand elle se rallume, il y a un objet rempli d'eau sur la scène.

– Regarde, Raoul, de la flotte !

– Un abreuvoir... C'est bien ce que je pensais.

– Ah non, non, je te vois venir. Tu as l'air de

sous-entendre que plus nous nous ferons des papouilles, plus nous aurons de récompenses !

Ils vont boire.

— Ça a l'air d'être la règle, constate Raoul, en se rafraîchissant les tempes. J'ignore comment elle a été établie, mais ça marche.

— De la nourriture, de l'eau, une roue pour le sport, j'ai tout ce qu'il me faut, dit Samantha, en observant les objets.

— Peut-être que si nous allions plus loin, nous aurions, je ne sais pas... des toilettes particuliè-res, des matelas, des petites cabines.

— Tu ne veux pas non plus que je te fasse une « gâterie » pour gagner un frigo qui fabrique de la glace pilée ?

Elle retourne dans son territoire en remettant en place quelques chips qui n'étaient plus alignées.

— Excusez-moi, Samantha, j'essayais d'amé-liorer nos conditions de détention.

— Mais regarde-toi un peu. Tu es un vaccin contre le désir. Quelle fille pourrait avoir envie de coucher avec toi ! Une désespérée ou une perverse.

— Ça y est ? Vous avez fini votre numéro ?

– Oh, et puis je te l'ai dit, je n'aime que les grands blonds aux yeux bleus.

– Je sais. Et il y a la grenouille au baiser magique qui vous attend quelque part, fidèle avant de vous connaître, se morfondant de ne pas vous avoir rencontrée.

– Exact. Et c'est réciproque.

– Imaginez que je sois cette grenouille. Tant que vous ne m'aurez pas embrassé, vous ne saurez pas si je vais ou non me transformer en Prince Charmant.

– Je veux bien embrasser les grenouilles, pas les crapauds !

– Même si on restait là longtemps... très longtemps ?

– Je pourrais m'en passer.

– Et si je vous prends de force ?

– Ceux qui ont essayé, leurs testicules s'en souviennent.

– Comme c'est gracieux, cette métaphore, dans la bouche d'une jeune fille qui attend le Prince Charmant.

– De toute manière, je suis incapable du moindre geste affectueux si je ne suis pas complètement, mais alors complètement, amoureuse.

— Mais qui vous parle d'« amour » ! J'essaie d'être pratique. Nous pourrions commencer par, je ne sais pas, quelques... attouchements. Ne serait-ce que pour améliorer nos conditions de vie. Ensuite, nous verrons bien.

— Ça fait un bail que tu n'as pas baisé, hein, Raoul ? demande Samantha.

Elle revient tourner dans la roue.

— J'ai lu que dans un zoo, aux États-Unis, il y avait un couple de pandas qui ne voulaient pas se reproduire, dit-il, en regardant au-delà de la vitre. Les gardiens leur ont donné des jouets et ils ont fini par s'accoupler. Cette roue... c'est un jouet. Et nous allons recevoir de plus en plus de jouets, vous verrez.

Un grand bruit bizarre retentit depuis le plafond.
Ils lèvent la tête.
Samantha court se blottir contre lui.

— J'ai peur, Raoul.

Noir total. Des bruits étranges.
Un temps.
La lumière revient. Au centre, trône un tas de papier froissé.

— Regardez, Samantha, voilà encore du nouveau.

– Des rouleaux de papier. À quoi ça peut bien nous servir ?

Il s'approche pour mieux voir.

– Des serviettes, des mouchoirs, du papier-toilette, des essuie-tout...

Samantha examine le papier.
Soudain, elle le déroule et le façonne.
Il vient l'observer.

– Vous faites quoi ? demande-t-il. Une hutte ?

– On a mangé, on a bu. Maintenant je suis épuisée. J'ai besoin de paix, d'intimité, d'un petit coin tranquille où je puisse me retrouver.

Raoul entreprend lui aussi de construire une hutte, mais avec moins de talent.

– Heu... J'ai toujours été un piètre bricoleur. Vous pouvez m'aider ?

– Chacun pour soi.

– S'il vous plaît.

Samantha accepte et rassemble du papier.

– Merci. J'avais des hamsters quand j'étais petit. Ils faisaient ça très bien.

Ils rentrent et sortent de leurs cabanes à la façon des hamsters.

— Moi, je construisais des huttes dans ce genre, quand j'étais môme, avec mes frères. On utilisait des couvertures et des balais. Ma mère était furax. On se cachait dedans pour jouer aux cow-boys et aux Indiens.

Raoul admire la hutte de Samantha.

— Félicitations, vous êtes une sacrée architecte en papier. Une vraie petite guêpe.

Samantha retourne dans sa tanière et y fait du bruit.

— Qu'est-ce que vous faites ? demande Raoul. Vous sculptez une chambre à coucher ?

— Juste un lit, un coussin et une table de chevet. J'aime mes aises.

Raoul retourne dans son nid dont le toit s'effondre.

Il remet tout en place, à la va-vite, pour ne pas qu'elle s'en aperçoive.

Il prend un morceau de papier et en fait un bateau qu'il place en évidence, pour l'impressionner.

— Ah, tu te lances dans la déco, Raoul ?

Il s'empare d'un autre papier et construit un avion.

— Mademoiselle Baldini, voulez-vous que je

vous aide à aménager votre intérieur ? Je peux vous faire un supersonique.

Samantha sort une cocotte en papier.

– Merci, j'ai ce qu'il faut.

Raoul lance l'avion, prend un gros morceau de papier, le met dans sa bouche et le mâche.

– Tu te laves les dents avec ça ? Qu'est-ce que tu es crade quand même !

Raoul ressort le papier mâché qui a désormais la forme d'un nounours.

– Je ne dors jamais sans ma peluche.

Il montre fièrement l'objet.
Samantha affiche une moue dégoûtée.

– Bon, moi je crois que ça ira pour aujourd'hui. Salut, Raoul.

– Bonne nuit, Samantha.

Au bout de quelques secondes, Raoul passe la tête hors de son abri.

– Heu... encore une chose. Vous êtes vraiment sûre que vous n'avez pas de cigarettes ? Parce que j'ai comme un manque, là.

– Fallait y penser avant.

Raoul hoche la tête, peu convaincu. Chacun

se couche dans sa tanière. Il va pour l'obstruer, le toit s'effondre de nouveau. Il s'endort, la tête et les pieds à l'extérieur. Il ronfle doucement, puis de plus en plus fort.

Samantha sort la tête à son tour, tel un animal courroucé. Elle se bouche les oreilles. Elle siffle.

Raoul ralentit ses ronflements.

Il se tourne sur le côté. Il s'arrête de ronfler. Elle rentre, rassérénée.

Mais il ronfle de nouveau.

– Hé ! Ho !

Raoul ronfle plus fort.

– Hé, ho ! Le diesel ! En sourdine !

Raoul ronfle encore plus fort. Samantha ôte une chaussure et la lui lance.

Il s'arrête de ronfler. Puis il recommence.

– Hé ! C'est insupportable !

Elle se lève et se précipite pour lui pincer le nez.

Il s'étouffe et se réveille :

– Qu... quoi...

– Tu ronfles. Si on doit cohabiter, il faudra peut-être penser à mettre une sourdine. J'ai pas l'intention de t'entendre faire la sérénade toute la nuit.

Il bâille et s'étire.

– C'est le matin ? demande-t-il, en se frottant les yeux.

– On n'a même pas dormi cinq minutes. Tu t'es tout de suite mis à ronfler comme un goret. Ah ! Je ne supporte pas les hommes qui ronflent.

– Désolé.

– Facile d'être désolé.

– Oh, hein ! Je ne vous dois rien. Je suis comme ça. Je ronfle. Et je ne vais pas me faire opérer du voile du palais juste pour vous plaire.

– Me plaire ? C'est pas la question ! C'est un problème de cohabitation. La liberté s'arrête là où commence la gêne de l'autre. Je suis gênée.

La lumière s'éteint.
Un temps. On entend un bruit métallique.
La lumière se rallume.

– Regardez, Samantha, une échelle !

Elle tourne autour de l'échelle.

– On monte ? propose-t-elle.

– Je vous en prie. Allez-y.

– Non, toi.

Raoul avance la main, hésitant, puis il touche.

Pas de décharge. Rassuré, il empoigne un barreau et grimpe jusqu'en haut.

Samantha vient tenir l'échelle pour la stabiliser.

— Raoul, qu'est-ce que tu vois ?

— Il y a une sorte de plafond avec des petits trous. Et au milieu, une grande trappe. Ce doit être par là qu'ils nous ont descendus. Si vous montez pour me tenir les jambes, je devrais arriver à toucher le plafond.

Samantha grimpe et lui tient les jambes.
Du coup, il gravit encore un échelon.

— Ça y est, j'y suis, je touche.

— Vas-y, ouvre !

Raoul se démène.

— C'est un matériau très léger et pourtant très résistant.

— Pousse plus fort !

— Si vous croyez que c'est facile !

Il cherche de nouvelles prises.

— Ça y est, ça bouge ! J'y suis.

La trappe se soulève d'un coup.
Un rayon de lumière les illumine.

– Qu'est-ce que tu vois ?

– Une pièce immense. Le plafond est très élevé. Peut-être vingt mètres de hauteur.

– T'attends quoi ? Allez ! On se tire !

Elle commence à grimper à l'échelle quand une ombre s'interpose entre Raoul et l'ouverture de la trappe.

– Aaahhh ! crie Raoul, d'un ton épouvanté.

Il tombe, entraînant Samantha dans sa chute.

On entend un bruit de frottement : la plaque est remise en place et la source lumineuse disparaît.

Ils se relèvent.

– T'es vraiment nul.

– Y... Y... Y...

– Y... Y... quoi ?

Raoul a les yeux exorbités et paraît atterré.

– Y a... Y a... Y a... là-haut.

– Qu'est-ce qu'il y a encore ?

– Y a... quelqu'un... qui...

– Qui ? Quoi ? Je comprends rien à ce que tu dis !

– Je n'ai vu que son œil.

– Un œil ? L'œil à qui ?

– C'était tellement... tellement...

– Il fallait lui parler !

– ... Ce n'était pas un œil normal... Il était vraiment immense.

Il étend ses bras.
Samantha réfléchit.

– L'œil de Dieu ! dit-elle soudain, affichant un regard satisfait. J'avais raison tout à l'heure. Finalement, on est bien au paradis. Nous avons été choisis. « IL » nous regarde. L'« œil... de... Dieu ».

– Il était jaune et vert. Avec une fente noire luisante au milieu. Ça ressemblait plutôt à un œil de batracien. Une grenouille géante quoi !

– Qu'est-ce que tu racontes ?

– Allez-y voir si vous ne me croyez pas. Après tout, c'est vous la spécialiste en grenouilles !

Samantha monte. La trappe devient brutalement lumineuse. Samantha ouvre la bouche de surprise.
Elle descend très lentement et, bouleversée :

– C'est pas Dieu...

– Ah, ça, ce n'est pas non plus l'idée que je

m'en fais. Ce doit être un bestiau d'au moins dix mètres de haut. Peut-être plus.

Il sort son téléphone portable et compose un numéro. Sans résultat.

— Raoul, si ce n'est pas Dieu et si ce n'est pas une émission de télé, qu'est-ce que ça peut être ?

Il grimace.

— C'est vivant, dit-il, c'est grand, on n'a jamais vu ça nulle part.

— Peut-être du cinéma, des effets spéciaux.

— Ça fait trop longtemps que ça tourne. Normalement, un magasin de pellicule dure au maximum douze minutes.

— Il y a des gens très grands qui ont parfois des problèmes de santé.

— Au-delà de dix mètres de haut, dit-il, narquois, on peut considérer que c'est une pathologie qui ne se soigne pas.

— Si c'est pas Dieu, si c'est pas un effet spécial du cinéma, c'est un animal. Nous sommes prisonniers d'un animal géant !

— Ouais... Même des animaux géants, j'en ai jamais vu des comme ça. En tout cas, c'est ni un crocodile, ni un crapaud-buffle, ni même un dinosaure décongelé. C'est vraiment vraiment « nouveau ».

– Nouveau ? Jusqu'à quel point ?

– Très nouveau... Jamais vu sur... Terre.

Samantha change de physionomie.

– Quelque chose venu de...

– (*Il hoche la tête*). Mmh... mmh...

– Impossible.

Ils restent à regarder le plafond.
Samantha s'est recroquevillée.

– Samantha, c'est si...

– ... horrible !

– Sublime !

– C'est un cauchemar.

– Un rêve.

– Je vais me pincer fort et je vais me réveiller.

Raoul sifflote la musique de *Rencontres du troisième type*.

– Ce sont « eux », pas de doute.

– Non ! crie-t-elle, épouvantée.

– Si.

– Non !

– Si.

– Non ! Non. Non... Ce ne sont pas des...

– Si. Si. Si.

Un temps.

– Quand j'étais petit, mon rêve était de devenir ambassadeur des Hommes auprès d'« Eux ». Et ils sont enfin là.

Il remonte à l'échelle.

– Tu es fou !

Elle le retient par le pantalon.

– Il faut communiquer avec eux ! s'obstine Raoul.

– Ce sont des « étrangers » !

– Et alors ? Je ne suis pas raciste.

– Ce sont des monstres !

– Pourquoi voulez-vous que tout ce qui n'est pas terrien soit monstrueux ?

– Ce sont des « grenouilles géantes ». C'est dégoûtant !

– Il suffit peut-être de les embrasser pour qu'elles se transforment en Princes Charmants.

— Ils vont nous dévorer !

Samantha prend la main de Raoul, crispée. De la nourriture tombe aussitôt.

— Ils nous gavent, Raoul ! Comme on gave des oies. Pour qu'on soit plus gras... Tu n'as pas compris qu'ils vont nous manger !

— Vous délirez.

— Ils attendent qu'on soit bien obèses. Ils vont peut-être nous gaver à l'entonnoir pour avoir du... « foie gras d'humain » !

— Mais non ! À part nous, aucun animal dans l'univers ne serait capable d'autant de cruauté.

Samantha paraît hallucinée. Elle n'écoute pas Raoul. Son ton devient de plus en plus délirant :

— Ils vont nous « bouffer ». Quand on sera suffisamment dodus, ils vont nous égorger et nous pendre par les pieds pour récupérer notre sang. Ils en feront du boudin. Après, ils nous couperont les mains et les pieds. Ils nous éventreront, nous rempliront de farce. On est à la Noël, non ?

— Ça m'étonnerait qu'ils aient les mêmes jours de fêtes.

— On mijotera dans une sauce à l'huile chaude. On sera servis entourés de marrons et de petites pommes sautées aux échalotes. Avec comme décoration une branche de persil dans les narines et une tomate-cerise dans la bouche. On baignera dans notre jus. Un peu de sel ? Du poivre ? Et hop ! À table ! Qu'y a-t-il au menu ce soir ?

— Allons. Calmez-vous.

— Des humains ! (*Elle mime les gestes d'une mère servant un plat à ses enfants.*) De bons petits humains tout chauds, tout beaux, bien croustillants. Eh oui ! des humains ! Et pas des humains d'élevage, des humains nourris au grain, sans phosphates. « Youpi, youpi », s'écrient les petits gourmands.

— Mademoiselle Baldini... il faut vous...

— Qui veut une cuisse ? Qui veut du mollet ? Qui veut le cou ? Le croupion, c'est pour les connaisseurs. Mangez pas trop vite, les mioches, il y en aura pour tout le monde !

— Samantha !

La jeune femme s'adresse tour à tour à Raoul, aux enfants, à une tablée fantôme.

— Non ! Non, voyons ! Ne laissez pas la peau, c'est le meilleur ! Et vous monsieur, vous les trouvez comment, mes humains ? Pas trop cuits ? Un petit coup de blanc sec pour faire passer ? Le vin blanc, ça se marie bien avec le goût de l'humain. Par contre, attention, c'est plein de petits os qui peuvent se ficher dans la gorge ou entre les dents. Mais j'ai prévu des cure-dents. (*Elle feint de tendre une boîte de cure-dents.*)

— Samantha !!

Et après les humains, un petit calva... pour digérer. Ça évite les ballonnements. Parce que le second problème de l'être humain, hein ! (*elle se frotte le ventre*), c'est que ça provoque des gaz.

— Samantha ! Enfin ! dit-il, suppliant.

Raoul prend finalement le parti d'attendre qu'elle s'épuise.

— Qui veut du rabe ? souffle-t-elle, fatiguée. L'humain, c'est... c'est un vrai plat de fête !

Vu leur taille, on serait plutôt des amuse-gueules.

Samantha se fige, son sourire de mère nourricière se transforme en un rictus d'effroi.
Raoul remonte à l'échelle et crie :

— Hé, ho ! Ouvrez, je veux vous parler !

Samantha est toujours sans réaction.

— Raoul, je sais même pourquoi ils font ça ! Pour se venger parce qu'on mange des grenouilles.

Après tout, on est tous les deux français et il n'y a que les Français qui mangent des grenouilles !

Elle s'assoit, assommée.

– Bon sang ! Samantha, ressaisissez-vous ! Vous ne comprenez donc pas ce qui se passe ? Vous ne vous rendez pas compte ? Imaginez le nombre de personnes qui rêveraient d'être à notre place ? C'est mieux que tous les films de science-fiction ! C'est la Ré-a-lité. Ils sont là. Au-dessus de nous. Ce sont les premiers extraterrestres qu'on a pu rencontrer depuis l'aube de l'humanité. Nous les avons entrevus...

– Ils sont ignobles.

– Ils nous ont vus.

– Ils me font peur. Je veux rentrer chez moi.

– Il faut que je prépare un discours... « Chers extraterrestres... » Non, c'est déjà trop conventionnel. Il faut être plus simple, plus direct. (*S'adressant au plafond.*) NOUS : HUMAINS...

– Ça, à mon avis, ils sont déjà au courant.

– ... VOUS : AMIS. MOI : AMBASSADEUR.

Il attend une réaction. Rien.

– VOUS COMPRENDRE MOT « AMI » ?

Samantha et Raoul se font attentifs. Toujours rien.

— Laisse tomber, Raoul. Autant parler à un banc d'huîtres.

Raoul reprend sa voix « officielle » :

— PAIX. PAIX ENTRE NOS DEUX PEUPLES. JE VOU-DRAIS QU'ON SIGNE UN TRAITÉ POUR ÉCHANGES CULTURELS ET SCIENTIFIQUES.

— Mais c'est qu'il est prêt à trahir sa planète ! Ce sont nos ennemis !

Raoul est imperturbable.

— MOI PRÊT À PARLEMENTER. NOUS AVOIR BEAUCOUP DE TRÉSORS, DES OBJETS TRÈS BEAUX, TRÈS COMPLIQUÉS, PAS FACILES À FABRIQUER.

— Tu vas bientôt leur proposer quoi ? Tes stylos-billes ?

— NOUS POUVOIR PARTAGER L'UNIVERS MOITIÉ VOUS, MOITIÉ NOUS.

— Ils n'ont aucune raison de faire du business avec nous. Tu fais des affaires avec tes souris de laboratoire ou tes grenouilles d'élevage ?

Il se tourne vers Samantha.

— Alors, pourquoi nous gardent-ils ici vivants ?

— Pour se défouler. Pour nous torturer. Ils

veulent peut-être venger tous leurs frères sup-
pliciés par les hommes. Même au collège, en
cours de biologie, je me souviens, on nous faisait
sortir un nerf de la cuisse des grenouilles et on
y envoyait de l'électricité pour voir la patte bou-
ger. Et la bête était... vivante. Il fallait surtout
que la bête reste vivante. Ils vont nous sortir le
nerf de la jambe pour instruire leurs enfants !

Raoul ne lui prête plus attention.

– Pourquoi ils ne répondent pas ?

– Te donne pas tant de mal, Raoul. Ils doi-
vent nous prendre pour une espèce vraiment
inférieure. Hé, là-haut ! Nous sommes intelli-
gents ! $E = mc^2$! Vous n'allez pas manger un
animal qui vous signale que $E = mc^2$, quand
même ! (*Se tournant vers Raoul.*) C'est bien ça,
la formule, hein ?

– Pour eux, ce doit être de la préhistoire.

– Il y a forcément des choses qu'ils ignorent.
(*Elle se place au pied de l'échelle.*) Connaissez-
vous la recette de la mayonnaise ? Ça c'est vrai-
ment typiquement terrien ! Savez-vous com-
ment on enlève une tache de chewing-gum ?
Ça, ça m'étonnerait que vous le sachiez. Avec
un glaçon ! Parfaitement. Et la recette de la tarte
au citron meringuée ?

Elle sort le téléphone portable de la poche de Raoul.

— Et ça, ça permet de parler à distance, sans fil, sans crier, et puis ça fait des petits bruits rigolos. Vous avez ça chez vous ?

Elle déclenche les unes après les autres les sonneries proposées par le téléphone portable. Il ne se passe rien.

— Ils peuvent pas connaître ça, hein ?! Ils peuvent pas ! Hé ! On est des humains ! On n'est pas des animaux ! crie Samantha.

— Pourquoi ils ne répondent pas ? Si je recueillais deux tout petits extraterrestres qui produisent des sons avec leur bouche, j'y prêterais attention quand même.

Ils réfléchissent.

— Et s'ils nous collectionnaient ? Je collectionnais les papillons quand j'étais petite. Je les enfermais dans des bocaux et, au dernier moment, je les... empalais sur des aiguilles.

Elle s'effondre à nouveau. Raoul veut la rassurer :

— Ils ne vont pas nous faire ça. Ils sont probablement pacifiques. Nous avons autant de chances de tomber sur des bons extraterrestres que sur des mauvais.

– Je ne te parle pas de bons ou mauvais ! On peut être bon et manger des cuisses de grenouilles. On peut être bon et aimer collectionner les papillons ! C'est juste qu'on n'y fait pas attention...

Elle baisse la tête.

– Justement. S'ils nous collectionnaient ? Tiens, peut-être qu'ils stockent des échantillons de couples de toutes les espèces de l'univers. Je suis un homme, vous êtes une femme, vous comprenez ? Un peu comme l'arche de Noé. Mais à une plus grande échelle. À l'échelle cosmique. Ils nous ont enlevés et ils nous ont mis là pour nous préserver.

– Ils vont nous empailler pour nous mettre dans la Galerie de l'Évolution : « Couple d'humains de la planète Terre. »

– Ils nous auraient déjà tués. Nous sommes vivants. Nous sommes nourris. Nous sommes choyés même, avec tous ces accessoires. C'est bien la preuve qu'ils nous veulent du bien.

– Ils vont finir par nous tuer, je te dis.

– Je crois qu'ils vont continuer à nous nourrir et à nous offrir des jouets jusqu'à ce que vous soyez enceinte.

À ce mot, Samantha écarquille les yeux.

– On est foutus, Raoul.

– Mais non ! Notre seul problème, c'est de nous supporter tous les deux dans cette... comment pourrait-on appeler cela... cette... sorte de cage à humains.

– ... cette humainière ?

– Si vous voulez, une... « humainière ». Quoique, attendez, pas besoin de mettre une humainière, sur terre ! Les dates ! Bon sang ! La semaine de perdue ! J'y suis. Ce ne sont pas les extraterrestres qui sont sur Terre. C'est nous qui sommes chez eux !

– Je crois que je vais m'asseoir. Je me sens fatiguée tout d'un coup. Mais alors fatiguée...

– Les astronomes n'ont détecté aucune planète viable dans le système solaire, nous sommes donc forcément au delà.

– Et c'est loin ?

– Le plus proche système solaire voisin, c'est Proxima du Centaure. Et c'est quand même à... disons... deux années-lumière de la Terre.

– Ça fait combien de kilomètres ? Je ne parle qu'en kilomètres, moi.

– Mille deux cents millions de kilomètres, à peu près.

– Quand je pense que j'ai jamais quitté la France !

– Vous vous rendez compte que nous avons effectué le plus grand périple qu'un humain ait jamais accompli. Jusque-là, personne n'était allé au-delà de la Lune...

– J'ai rien demandé, moi. Ça me plaît pas ici.

– Attendez, ne nous plaignons pas. Nous respirons de l'air. Il y a donc de l'atmosphère. Nous mangeons. Nous buvons. Nous sommes collés au sol. Il y a donc de la gravité comme sur Terre.

Il saute, de plus en plus haut.

– Une gravité assez semblable à la nôtre, d'ailleurs, poursuit-il.

– Mais pourquoi moi ?

– Je ne sais pas... Peut-être pour votre physique de déesse.

– Il y en a des beaucoup mieux que moi. Des actrices, des mannequins, des stars, quoi !

– Peut-être qu'ils n'ont pas de cirque ? Ça les impressionne. Peut-être que de vous avoir vue dans une cage à tigres ça leur a donné l'idée que vous seriez à l'aise dans une autre.

– Et vous ? Vous ne travaillez pas dans une

cage, que je sache. Et puis... vous n'êtes pas spécialement beau.

– Je les intéresse peut-être pour mon intellect. Nous sommes complémentaires. Mon intellect, votre beauté.

– Dites tout de suite que vous me prenez pour une conne ?

– Ils nous connaissent peut-être mieux que nous le croyons.

Samantha et Raoul reviennent vers l'échelle.

– Raoul, il faut nous évader !

– Nous n'avons pas encore obtenu un contact satisfaisant, partir serait vraiment prématuré.

– Mettons le feu au papier. Tu as un briquet, des allumettes ? File-moi tes lunettes, la lumière en haut est si puissante...

– Vous voudriez laisser passer cette occasion unique ? Vous risquez de le regretter toute votre vie.

– On brûlera le papier, on fera fondre la plaque du toit. Et hop ! on se casse.

– ... C'est ça. Et une fois dehors... En supposant que l'air soit encore respirable et que la gravité soit la même, vous vous imaginez comment se « débrouillerait » un couple de hamsters qui s'évaderait d'un laboratoire ?

Raoul mime un chat :

— Miaou... Il se ferait manger par tous les chats de gouttière de la rue. Je vous laisse imaginer la taille des chats extraterrestres.

— En courant vite, on se faufilera.

— Pour aller où ?

— Rejoindre un aéroport.

Raoul éclate de rire. Elle reste sérieuse.

— Une fusée nous a amenés. Une fusée nous ramènera. Je te le dis, Raoul, dans une semaine on sera à la maison.

— Encore faudrait-il pouvoir atteindre les manettes et lire le mode d'emploi de ce « vaisseau spatial ». Vous sauriez reconnaître notre soleil au milieu du ciel étoilé ?

— Mon grand-père m'avait appris à reconnaître la Grande Ourse, ça pourrait aider ?

— M'étonnerait.

— Dieu nous aidera.

— Dieu à mon avis a suffisamment de problèmes sur Terre pour s'occuper de nous deux qui sommes un peu éloignés de sa juridiction.

– Alors, on est fichus.

Soudain la trappe s'ouvre. La lumière revient. Raoul monte. Une ombre passe devant la lumière, signe probable qu'un extraterrestre les observe.

– MOI AMI. MOI VOULOIR ÊTRE AMBASSADEUR DE LA TERRE AUPRÈS DE VOUS.

L'ombre s'en va. La lumière revient pour faire place à nouveau à l'ombre.

Samantha rejoint Raoul :

– C'est un autre œil ! Un œil plus petit qui nous regarde. Ils sont deux !

– PAIX. PAIX ENTRE NOS DEUX PEUPLES. Heu... MERCI POUR VOTRE INVITATION.

À nouveau de la lumière. Les extraterrestres ne les observent plus. La trappe se referme bruyamment.

– Vous avez vu comment ils nous ont dévisagés ? demande Samantha.

– Ils vérifiaient que nous ne nous sommes pas estropiés en nous bagarrant.

– Ça y est, j'y suis ! J'ai tout compris. On est dans un... de leurs... restaurants. Vous savez, comme ces langoustes qu'on voit dans les brasseries. Là-haut, tout à l'heure ce devait être des clients qui choisissaient leur plat !

– Arrêtez de délirer.

– Comme des langoustes ! Dans un restaurant chic. Après, celui de nous deux qui aura été sélectionné sera jeté tout vif dans l'eau bouillante. C'est ça : ils vont faire leurs courses sur Terre et au retour ils nous mettent dans des humainières décoratives pour brasseries extraterrestres.

Raoul reste perplexe.

– Vous avez un rapport à la nourriture qui me semble un peu obsessionnel.

– Ensuite, ils vont nous couper en deux dans le sens de la longueur et nous recouvrir de mayonnaise. Un peu de jus de citron dans l'œil...

– Ça suffit.

– Je ne supporte pas l'eau bouillante ! (*Elle est au bord des larmes.*) Même les douches, je les prends presque froides.

Un bruit différent. Samantha se blottit contre Raoul.

Le noir se fait. On entend des ronronnements de machine. Une télévision projette une image au fond de la pièce.

— « ... Bonsoir mesdames, mesdemoiselles, messieurs. Voici peut-être le dernier journal télévisé du monde. La tension est encore montée d'un cran entre l'Inde et le Pakistan. »

Photos de deux généraux, l'un indien et l'autre pakistanais.

— « Le Pakistan a révélé posséder une bombe capable de détruire la planète et menace de l'utiliser si l'Inde ne se soumet pas à ses exigences sur le Cachemire. »

Documentaire montrant l'explosion d'une bombe atomique.

— Mais, Samantha, c'est Richard Jacquemin de la chaîne d'information continue ! Et regardez en bas. Ça date d'il y a trois jours.

— « Le Pakistan considère que son honneur est en jeu et son dictateur Zia Ul Azakh... »

Images d'archives. Le général Zia Ul Azakh s'adresse à la foule avec véhémence.
Celle-ci l'acclame et scande des slogans guerriers.

— « ... qui, on le sait, est condamné en raison d'un cancer généralisé, se dit prêt à sacrifier l'humanité tout entière pour sa cause. Son ultimatum prend effet dans dix minutes. Pour la première fois, nous nous approchons d'un anéantissement planétaire total. »

Images d'archives. Les slogans se font de plus en plus violents.

— « Personne n'ose pourtant y croire et le secrétaire général de l'ONU... »

Images d'archives d'un homme en civil qui parle avec douceur. Il est poliment applaudi par les représentants de l'ONU.

— « ... assure pouvoir remettre le dictateur pakistanais sur la voie de la raison. Mais celui-ci, enfermé dans son bunker... »

Photo du bunker.

— « ... ne veut plus recevoir personne. L'inquiétude monte sur toutes les places financières et déjà le Dow Jones a chuté de... »

Des images de la corbeille de Wall Street, où tous les courtiers lancent des ordres de vente, défilent à l'écran.

À ce moment, une nouvelle image apparaît, soulignée de symboles extraterrestres incompréhensibles.

Zoom sur la Terre, laquelle explose au ralenti.

Les morceaux des continents se répandent lentement dans l'espace. Des pans de murs de maisons, des voitures, des gens hébétés flottent dans le vide sidéral.

Raoul et Samantha se figent, tétanisés.

— Ce sont des conneries ! dit-elle soudain, en éclatant de rire.

Raoul a l'air très préoccupé. Il ne dit plus un mot.

— De toute façon, c'est impossible.

Raoul ne bouge toujours pas.

— Hé ! secoue-toi, Raoul. Tu ne vas pas marcher dans cette histoire ? Ce sont des trucages, juste une boule en plastoc qu'ils ont fait exploser pour nous faire croire je sais trop quoi. Ils profitent qu'on est sur les nerfs pour nous faire craquer !

Raoul demeure songeur.

— Samantha, et si c'était vraiment arrivé ?

— Tu ne vas pas tomber dans le panneau ? Toi, un grand scientifique ! Tu ne penses quand même pas qu'un dictateur de je-sais-plus-où avec un nom qui ressemble à un éternuement pourrait...

— Alors, ça serait quoi ?

— Je ne sais pas, moi. Mais ça, c'est bidon !

83

Raoul se ressaisit :

– De toute façon, ce serait...

– C'est strictement impensable.

– Ou alors...

– Non, bien sûr que non.

Samantha et Raoul se regardent un long moment et d'une seule voix :

– Merde. Ils l'ont fait !

– Bon, bon, restons calmes, restons calmes, recommande Raoul.

– Hou ! là ! là ! C'est le grand coup de barre. Ça fait beaucoup pour la journée. Je sais pas toi, mais moi, je me sens fatiguée, mais alors fatiguée... pfff.

Samantha marche en rond, fixant le sol, puis trouve un coin pour s'asseoir.

– Ne pas paniquer. Après tout, il n'y a pas de quoi en faire un plat. Nous avons rencontré des... « extraterrestres » qui nous ont informés, aimablement, très aimablement je vous ferais remarquer, que... bon, notre planète natale, la Terre, a été pulvérisée et que donc elle n'existe plus. Voilà, voilà, voilà.

– Voilà, voilà, voilà..., reprend-elle en écho.

– Ça peut arriver, tout peut arriver. Surtout de nos jours. Époque de contrastes et de surprises, n'est-il pas ? Donc, ne pas stresser. Ne pas dramatiser. Ne pas noircir le tableau.

– Il est quand même un peu noir foncé, là...

Raoul maîtrise mal son affolement, il tente vainement de se décontracter :

– Il faut en toute chose raison garder. Gardons l'esprit frais. Soyons maîtres de la situation, je respire. Respirez amplement, vous aussi. On a si facilement tendance à s'apitoyer sur son sort. Je me souviens, une fois, j'avais égaré mes clefs... vous ne pouvez pas savoir comme je me suis affolé. La panique totale. Pour des clefs ! Et déjà j'imaginais des choses. Je croyais que j'allais dormir dehors. En fait, elles étaient au fond de ma doublure. Il y avait un trou dans la poche de ma veste ! Vous vous imaginez, un simple petit trou ?

Il respire bruyamment et amplement.
Samantha éclate en sanglots.

– On est foutus, Raoul ! Il n'y a plus de France, plus d'Europe, plus de continents ! Plus d'humains, plus d'animaux, plus de végétaux, plus d'océans. Plus rien. Pffft. Envolés. Vaporisés. Dispersés.

Samantha pleure et gémit et enrage.

Puis ses pleurs se transforment en un rire qui devient peu à peu celui d'une démente.

– Ça va ? s'inquiète Raoul.

Samantha s'arrête net. Elle est comme ivre.

– Samantha, ça va ?

Samantha ne répond pas, prostrée. Raoul la secoue, elle demeure immobile.

Il lui donne de petites gifles. Elle ne réagit pas.

Il hésite, puis lui lance une grande gifle.

Elle finit par cligner les yeux.

– Dis-moi, Raoul, s'il n'y a plus de Terre, nous sommes donc... seuls. Les derniers survivants de l'espèce. Les deux derniers... J'ai comme un poids énorme sur les épaules.

– Le point final au feuilleton de l'aventure humaine. Son dernier épisode, dit Raoul, en lui massant les épaules.

Soudain, le regard de Samantha s'anime à nouveau.

– Ou peut-être le premier de la série suivante... Nous serions, dans ce cas, comme les nouveaux Adam et Ève.

– Adam et Ève étaient au paradis. Nous, nous sommes dans un bocal de verre.

Elle se relève, déterminée.

– Moi, Samantha, je dis : tant qu'il y a de la vie, il y a de l'espoir. Ensemble, on peut sauver tout ce qui a été gâché.

– Encore faut-il en avoir envie.

– Même si on n'en a pas envie, on en a le devoir.

– Le devoir ? Quel devoir ? Celui de perpétuer le malheur dans l'univers ?

– Le devoir d'entretenir la « petite étincelle » de l'humanité.

– Désolé. Sans moi.

– Tu laisserais l'aventure humaine s'arrêter ?

– Alors là, sans la moindre hésitation.

– Mais tu es un criminel !

– Qui va me juger ?

Samantha, sur un ton de défi :

– Moi.

– De quel droit ?

– Celui de défendre mon espèce.

– Eh bien moi, j'ai le droit de l'attaquer. J'ai des arguments qui sont d'une évidence criante.

— Moi aussi.

— Les miens sont meilleurs.

— Ça m'étonnerait.

Ils se toisent.

— D'accord. Dans ce cas, mademoiselle Baldini, je vous propose que nous organisions un procès en règle de l'humanité.

— Un procès ! Mais on n'est que deux, mon pauvre Raoul, il faut plein de monde pour faire un procès !

— Nous nous répartirons les rôles. Vous serez l'avocate et je serai le juge et le procureur.

— Et qui seront les témoins ?

— Nous.

— Et qui seront les jurés ?

— Nous.

— Et quel sera le verdict ?

— La vie ou la mort de l'espèce humaine.

— Carrément...

— À l'issue de cette audience, si nous trouvons que l'humanité est condamnable, nous continuerons à dormir chacun de son côté. Ainsi, après notre mort, il n'y aura plus d'humains dans l'univers. Si nous considérons que l'humanité mérite d'être sauvée, nous ferons l'amour afin de donner naissance à une nouvelle génération d'humains.

— Mais je n'y connais rien en justice. La seule fois où j'ai eu affaire à un tribunal, c'était pour un excès de vitesse, et ç'a été plutôt rapide.

— Je vous donnerai quelques consignes pour que l'audience soit plus solennelle.

Raoul se dirige vers le fond comme s'il y avait là une porte et mime une entrée dans un tribunal, puis il se place au milieu de la pièce, dos à la vitre.

— Silence, le procès va commencer, annonce Raoul, en tapant trois fois du talon. Faites entrer la cour.

— Attends, je m'arrange un peu.

Samantha rajuste son vêtement et sa coiffure. Puis elle pousse une porte imaginaire et fait son entrée avec la même allure martiale.

Raoul lui indique sa place. Chacun fait semblant d'agencer feuilles et stylos avec de grands effets de manches.

— La parole est à l'accusation.

Il prend sa place de procureur :

— Merci, monsieur le Président. En tant que

procureur, j'accuse l'humanité d'homicide volontaire avec préméditation perpétré sur... elle-même. Et je réclame comme peine : son extinction définitive et son éradication du cosmos.

– Merci, maître, dit Raoul, en reprenant sa place de juge. Que plaide la défense ?

– Je plaide, euh... qu'est-ce qu'il faut dire ?

Raoul se penche et chuchote :

– ... Non coupable.

– C'est ça, non coupable.

Raoul reprend sa place de procureur :

– En tant que procureur, je dois constater que la fin de la Terre est la-men-table. C'est parce que l'humanité n'a pas su gérer un conflit mineur que notre planète a été détruite.

– On ne va pas condamner tous les peuples pour un simple conflit entre deux d'entre eux.

– Ç'aurait pu être n'importe quels pays. Les humains n'ont jamais cessé de guerroyer à travers les siècles. Toujours ce besoin d'envahir, de soumettre, de piller, de tuer, de convertir de force.

– Tout le monde n'est pas comme ça. Il y a toujours eu de braves gens pour s'opposer aux envahisseurs, répond-elle.

– J'appelle à la barre un témoin à charge. Monsieur Raoul Méliès, historien, historien du dimanche tout du moins, clame Raoul.

Il fait semblant d'entrer, vient se placer face à la vitre, et lève la main droite.

– Je jure de dire la vérité, rien que la vérité, toute la vérité.

Il enlève ses lunettes, en mâchouille une branche, au coin de sa bouche, comme un vieil historien.

– L'histoire de l'humanité est ponctuée d'invasions violentes, dit-il d'un ton docte. Les Indo-Européens, par exemple, parce qu'ils connaissaient la technique du fer, l'organisation en castes et l'usage des chevaux, ont pendant cinq mille ans soumis tous les peuples voisins, jusqu'à imposer leurs valeurs guerrières et leur culte des héros combattants.

– Objection ! l'interrompt Samantha. Pendant ce temps, certains peuples ont défendu d'autres valeurs.

– C'est vrai. À la même époque les Phéniciens, les Hébreux, les Carthaginois ont développé, créé le commerce, ouvert les comptoirs, la route de la soie, du thé et des épices. Ils ne disposaient pas d'armées puissantes, mais proposaient une alternative à l'invasion guerrière :

l'alliance et le commerce entre les peuples. Pour mieux naviguer, ils inventèrent la boussole, les cartes, la voile. Résultat : les Carthaginois ont été détruits par les Romains, les Phéniciens ont été massacrés et les Hébreux ont toujours été persécutés.

— Leurs idées ont survécu.

— La disparition de la Terre confirme que la confrontation est plus forte que la coopération. La pulsion guerrière a toujours eu le dessus sur la pulsion d'amour. Nous sommes tous en compétition et en rivalité les uns avec les autres. Parce que c'est ça notre véritable nature. Ma conclusion de témoin est que... l'homme est un loup pour l'homme.

— Merci pour votre témoignage, monsieur l'historien. (*Raoul reprend sa place de juge.*) La parole est à la défense.

— Vous avez l'air d'oublier qu'on est capables de soigner les malades et de protéger les faibles, les inactifs et les vieux.

— Nous glorifions la jeunesse. Nous glorifions le pouvoir. Nous admirons la force et les guerriers. Et tout ce qui nous semble faible, différent ou étranger est progressivement éliminé.

— Nous avons des écoles, des hôpitaux, des

hospices. Ce sont des lieux de solidarité. Nous sommes des êtres bons et généreux.

Raoul à la place du procureur :

— Foutaises !

Il reprend la place du juge et tape du pied :

— Silence ou je fais évacuer la salle ! Quant à vous, maître, je vous demanderai de mesurer vos propos. La parole est à la défense. Maître, si vous avez terminé avec le témoin, nous pouvons le laisser partir.

— Je n'ai plus de questions à poser au témoin. Par contre, j'ai des choses à dire au procureur et, à vous, monsieur le juge.

Raoul retourne à sa place de procureur. Samantha s'installe en face.

— Heu, bonjour monsieur le Président, bonjour monsieur le procureur et bonjour à moi-même, enfin à la défense, quoi ! Et au public de ce tribunal... peut-être. (*Elle se retourne vers la vitre.*) Je jure de dire la vérité vraie et tout le reste. Craché-juré.

Elle crache par terre.

— Ce que je voudrais dire, poursuit Samantha avec véhémence, c'est que nous sommes, nous les humains, la plus belle expérience de vie de l'univers !

— En êtes-vous sûre ?

— Eh bien, l'homme n'est pas comme les autres animaux. C'est le chef-d'œuvre de Dieu. C'est un animal « sacré ».

— Sacré ? Sacrément stupide, oui ! En quoi l'homme vaudrait-il plus que la baleine, le hamster, l'abeille ou même la grenouille !

— Nous avons un gros cerveau. Nous sommes les plus intelligents de tous les animaux.

— C'est vrai, nous avons un cortex plus frisé et plus volumineux que bien des êtres vivants. Pour ce que ça nous a servi ! Nous sommes moins intelligents que les derniers dinosaures. Eux, au moins, n'étaient pas responsables de leur propre extinction !

— Objection ! C'est un accident. Heu... Du peu de ce qu'on a entendu tout à l'heure, c'est la responsabilité d'un seul homme, un dictateur, malade qui plus est. C'est lui qui a commis la boulette. Faut-il condamner tout le troupeau pour une seule vache folle ?

Raoul reprend sa voix de procureur :

— Dans ce cas, je mets en cause le système qui a permis à ce dictateur d'opérette de se retrouver au plus haut sommet du pouvoir d'un pays possédant la bombe nucléaire.

— Bon, OK, celui-là, c'est une enflure. Mais au moment où ce salaud appuyait sur le bouton de mise à mort, il y avait des millions de gens bien qui faisaient des trucs sympas.

— Je vous demande alors pourquoi les humains désignent aux postes de pouvoir les « salauds », comme vous dites, plutôt que les « sympas » ?

— Qu'est-ce que j'en sais, moi ? Parce que les sympas sont trop occupés à faire du bien pour penser à faire de la politique.

— Argument fallacieux ! s'offusque Raoul.

— Arrêtez avec vos grands mots que je ne comprends pas bien.

— L'homme peut être bon par instants, mais c'est son essence qui est mauvaise. Voilà la terrible vérité. Vous vous rappelez cette histoire survenue en Angleterre de deux enfants de huit ans qui ont battu à mort un gamin plus jeune qu'ils ne connaissaient même pas ?

— Ouais, il me semble avoir vu ça à la télé.

— Eh bien, quand on les a interrogés, ils ont dit : « On a fait ça pour s'amuser ! » Ils avaient huit ans ! Huit ans, vous m'entendez ! Là il n'y

a plus de culture indo-européenne, ou phéni-
cienne. Qu'est-ce qu'il peut y avoir de si féroce
dans la tête d'un enfant de cet âge-là ? Moi,
quand j'ai appris ça, je me suis dit : peut-être
que, si on laissait l'homme exprimer sa vraie
nature, il reconnaîtrait ouvertement qu'il n'aime
pas son prochain, qu'il ne s'aime pas lui-même
et qu'il a naturellement envie de tout détruire.
La police, la justice, la prison sont des moyens
d'obliger les gens à contenir leurs pulsions de
mort. Mais s'il n'y avait pas la peur du gen-
darme, ils exprimeraient tous leur vraie nature
de tueurs.

– C'est comme si l'humanité était un enfant
qui grandit.

– Et alors ?

– Elle était dans sa phase adolescente.

– Vous voulez dire que madame l'« Huma-
nité » faisait des bêtises comme les jeunes qui
foncent en moto, cassent des voitures, se soû-
lent !

– L'humanité s'apprêtait à devenir adulte.
Cela se « passe » toujours progressivement. Et il
y a forcément des petits couacs. Qui n'a pas volé
un bonbon un jour dans un supermarché ? Qui
n'a pas mis le feu à une boîte aux lettres ? Qui

n'a pas piqué un scooter un soir, entraîné par une bande de copains...

– Moi.

– Allez, ça va. La seule chose qu'on pouvait reprocher à l'humanité c'était peut-être sa lenteur à mûrir. Mais elle avait des excuses. Une enfance difficile. Des parents séparés. De mauvaises fréquentations. Mais « mademoiselle l'Humanité » faisait preuve de bonne volonté. Elle était en progrès constants. Tout ne s'est pas fait en un jour.

– Oui en sept. Et là nous en sommes au huitième. Après le jour de repos, le jour de deuil.

Samantha fait semblant de consulter une liasse de papiers.

– Je n'ai pas pu faire venir ici tous les témoins que je souhaitais mais, croyez-moi, monsieur le Président, ils pourraient être des milliers derrière moi à cette barre pour vous raconter combien mademoiselle Humanité était quelqu'un de bien.

Raoul, étonné par le lyrisme de sa compagne, change de ton :

– Votre belle mademoiselle Humanité avait déjà sérieusement abîmé la planète qui la nourrissait. La gratitude n'était pas sa caractéristique principale. Quant à son enfance difficile, parlons-en. L'humanité était limite délinquante. Combien de rivières par sa main irrémédiablement assassinées ? Combien de sanctuaires d'animaux sauvages violés ? Combien de plages défigurées ? Combien de forêts outragées ?

– Elle était en train de se racheter. Des arbres ont été replantés.

– L'humanité est la seule espèce à avoir inventé la torture. Elle est la seule à prendre plaisir à faire souffrir ses propres congénères. Les autres animaux tuent pour se défendre ou pour se nourrir.

– Faux. J'ai vu une fois mon chat torturer pendant une heure un lézard. Il lui a arraché la queue, puis les pattes une par une, il plantait ses griffes sans se presser, pendant que le lézard se tordait de douleur. À la fin, le chat n'a même pas mangé ce petit être qui n'était plus qu'une masse de souffrance. Il est allé fièrement me déposer le cadavre du supplicié sur le lit.

– Ça ne fait que confirmer mes dires. Votre mademoiselle Humanité est non seulement dangereuse, mais aussi « contagieuse ». Elle corrompt les autres espèces qui vivent à ses côtés.

Samantha accuse le coup. Soudain, elle se redresse et désigne Raoul du doigt :

– Dieu, parce qu'Il a compris que l'humanité était sur la mauvaise voie, l'a dotée d'un « plus ».

– Et quoi donc, s'il vous plaît, madame l'avocate ?

– La... conscience, monsieur le procureur. La conscience, c'est ce qui donne à l'humanité ses trois caractéristiques.

– L'hypocrisie, la cruauté, la mauvaise foi ?

– Non. L'Amour. L'Humour. L'Art.

– ... Du vent. Tout cela ne sert à rien.

Samantha hausse le ton :

– L'homme est le seul animal capable d'« Amour » avec un grand A. Les autres animaux ne font ça que pour la reproduction, ils n'ont pas de sentiments !

– Oui, mais c'est au nom de cet Amour, avec un grand A, qu'il commet les pires crimes. C'est par exemple au nom de l'Amour de la patrie qu'ont été livrées les plus grandes guerres.

– Jésus était un humain. Et il a dit : « Aimez-vous les uns les autres. »

– Et Jésus a été crucifié. Plus tard, c'est en Son nom qu'a été créée l'Inquisition.

– L'homme est le seul animal capable de passions !

– L'homme est le seul animal que ses passions mènent à la déraison.

– L'homme... (*Samantha cherche des arguments*)... est le seul animal capable d'humour.

– L'homme est le seul animal qui a eu besoin d'inventer l'humour pour supporter sa condition désespérée.

– L'homme est le seul animal à produire de la beauté. Vous avez déjà vu la délicatesse d'une soierie de Chine ?

– Une pâle copie de la délicatesse d'une toile d'araignée !

– Et les sculptures antiques dans les musées ?

– Quelle grossièreté par rapport au ciselé d'un bouton de rose !

– La légèreté d'un saut d'une danseuse de l'opéra ?

– Quelle lourdeur par rapport à l'envolée d'une libellule.

– Le chant d'une soprano ?

– Une cacophonie par rapport au chant du rossignol.

Samantha se concentre.

— L'homme est le seul animal qui sache jouer du rock'n roll, dit-elle, avec conviction.

— Et le grillon ? Son élytre est bien plus cinglant qu'une guitare électrique saturée.

— Le seul qui fait de la peinture !

— Et l'escargot ?

— Mais ce n'est pas artistique ! C'est crade.

— Parce que vous n'avez jamais regardé de haut le tracé d'une belle bave d'escargot. Ça évoque des formes plus originales que bien des peintures abstraites.

— On a la science ! Les animaux n'ont pas de science, que je sache !

— Eh bien, en tant que scientifique, je tiens à vous rappeler que c'est grâce à cette même science que nous avons su fabriquer la bombe atomique qui nous a pété dans les gencives.

— On n'est pas des bêtes, on a la pilule !

— Et on a une croissance démographique exponentielle ! Six milliards aujourd'hui. Dix milliards dans une dizaine d'années. Alors que tous les autres animaux savent autoréguler leur population, nous on déborde de partout. Les lapins tuent leur progéniture quand ils se savent en excédent. Nous, on crée des bidonvilles !

Il lève les bras, excédé.

– On a les voitures, surenchérit Samantha.

– Et la pollution.

– On a des pots catalytiques !

– Ça n'empêche pas d'avoir un nuage jaune au-dessus de toutes les grandes mégapoles. Sans parler du trou dans la couche d'ozone.

– Oh, et puis zut ! Vous m'énervez. C'est facile d'accuser l'humanité. Mais vous en venez, de cette humanité, je vous le rappelle. Elle vous a donné la vie. L'humanité, c'est nous. Bon, allez, on est méchants, on torture, on pollue, on se suicide, on a des tyrans fous et des guerres. Mais après tout, posons le problème à l'envers. C'est déjà pas mal qu'on soit arrivés à survivre jusqu'à la semaine dernière. Trois millions d'années d'existence pour des animaux aussi ratés que vous le dites, c'est déjà en soi une petite performance, non ? (*Elle enfonce un doigt dans la poitrine de Raoul.*) Et... ici et maintenant, on est deux humains à oser faire le procès de leur propre espèce. Aucun animal n'en serait capable.

Raoul recule.

– Nous nous posons des questions sur la

poursuite de l'aventure de l'humanité. C'est ça qui est formidable chez l'homme. Oui, monsieur, il se pose toujours des questions. Il est capable de se remettre en cause. Il est même capable d'avoir des remords pour ses erreurs.

Raoul recule à nouveau.

– Et nous deux... On s'est battus. On s'est insultés. Mais on ne s'est pas tués. On a réfléchi, on a avoué nos erreurs, on a évolué. Voilà un comportement humain. Et voilà pourquoi « ma cliente » mérite d'être acquittée.

Raoul hésite puis fait un signe d'allégeance. Il n'a plus d'argument à opposer.

Samantha, triomphante, reprend sa place de témoin, lui reprend sa place de juré.

– Monsieur le juge, nous avons pris notre décision en notre âme et conscience. Et pour le chef d'accusation d'homicide avec préméditation, nous avons décidé que l'humanité est... non coupable. Pour le chef d'accusation d'homicide involontaire : non coupable.

Raoul reprend sa place de procureur tandis que Samantha fait semblant de ranger ses affaires d'avocate.

– Chapeau bas, chère consœur. Vous avez mené ce procès avec brio.

– Je vous remercie, monsieur le... heu non, cher confrère.

Il lui serre la main.

Le regard de Samantha change, son attitude aussi. Elle fixe Raoul, dégrisée tout à coup.

– Vous m'avez... Enfin, tu m'as bien eue, hein Raoul ?

– Quoi ?

– Quand je pense que j'ai failli me faire avoir !

– Où est le problème ?

– Depuis le début tu veux me sauter ! Ce procès n'est qu'une mascarade pour me faire croire que c'est moi qui souhaite ça. Parce que, si j'ai bien compris, l'acquittement de l'humanité correspond finalement à ma condamnation.

– Attendez. Ce n'est quand même pas moi qui ai fait exploser la Terre pour vous draguer !

– Tu crois que je ne te vois pas venir avec tes petits airs vicieux, derrière tes petites lunettes de monsieur Je-suis-plus-malin-que-tout-le-monde ?

– Si vous n'êtes pas satisfaite, nous pouvons refaire le procès en appel. Ça nous occupera, comme nous risquons de rester longtemps ici... Sinon, nous devons poursuivre l'aventure humaine. C'est ce que vous avez toujours voulu, il me semble ?

— Sans sentiment, je suis incapable de faire l'amour. Même si je me forçais, mon corps ne voudrait pas. Or, comme je te l'ai déjà dit, tu es carrément à l'opposé de mon idéal masculin.

— Vous ne feriez même pas ça pour l'humanité, sa « Conscience », son « Humour », son « Amour », son « Art », sa « Capacité à se poser des questions » ?

— Au début, tu m'agaçais, ensuite tu m'as énervée, après tu m'as déçue, maintenant je dois te le dire : tu me dégoûtes.

— Ah oui, je me rappelle... Vous vous réservez pour le Prince Charmant !

— Laisse-moi mes fantasmes. Je n'ai plus que ça.

— Vous croyez peut-être qu'Ève était le fantasme d'Adam ?

— Eux, ils n'avaient pas le choix, dit-elle.

— Eh ben, là non plus, y a pas le choix. Nous sommes les SEULS ! Nous sommes les DERNIERS ! C'est vous-même qui l'avez déduit, rappelle-t-il.

— J'aime pas tes mains. Pour moi, c'est très important, les mains. La forme des doigts est tellement révélatrice. Ces doigts, ce sont eux qui vont me caresser. Il faut que je les reconnaisse, que j'aie envie de les apprivoiser. Or les tiennes sont épaisses. Et pleines de poils noirs. Et tu te ronges les ongles ! Berk !

Il regarde ses mains, étonné.

— Mademoiselle Baldini, vous êtes pire que le dictateur pakistanais. Lui, il a détruit l'humanité par conviction nationaliste, vous, vous allez détruire l'humanité parce que vous n'aimez pas mes mains. C'est lamentable !

— De toute façon, avec la meilleure volonté du monde, je sais que je n'y arriverai pas, alors ce n'est pas la peine d'insister.

— Bon, voilà un problème de réglé. L'humanité est condamnée à cause de mes mains.

— Ne le prends pas pour une attaque personnelle. Je n'ai rien contre toi, finalement, Raoul.

— Vous me trouvez à ce point repoussant ?

— Entre nous, j'ai remarqué aussi, tout à l'heure quand tu me parlais tout près, que tu as une haleine effroyable.

Raoul lève la tête, s'adressant au plafond :

— Dites donc, les batraciens, vous ne pouvez pas m'en kidnapper une autre ? Celle-ci ne me convient pas, mais alors pas du tout. Moi j'aime les brunes avec des gros seins. C'est vrai quoi, vous ne m'avez pas demandé mes goûts !

Samantha s'approche de Raoul.
Il recule comme s'il avait peur qu'elle le touche.

– Je crois, dit Raoul, que le mieux, si on ne veut pas finir par s'entre-tuer, serait de cesser de se parler. Je ne vous connais pas, on ne se connaît pas, on ne se parle plus, d'accord ? Là, c'est chez vous. Là, c'est chez moi. Et on n'est pas obligés de se revoir. Finalement, le procès en appel... il se fait maintenant. Et c'est par votre comportement que la cause de l'humanité aura été perdue.

Il se place dans la roue géante et se met à tourner nerveusement.

– Remarque, Raoul, je vois bien que je suis un peu injuste, car ce procès, nous l'avons mené honnêtement ensemble.

Il accélère sa course dans la roue.

– Évidemment, je pourrais faire un petit effort. Je pourrais penser à un autre durant l'étreinte.

– Votre Altesse est trop bonne.

– ... Et puis faire appel à l'un de mes fantasmes... mais dans ce cas... il faudrait qu'on attende qu'ils éteignent la lumière. Et puis surtout qu'on ne s'embrasse pas.

Raoul tourne furieusement dans la roue.

– Il faudra aussi que je me mette dessus, j'aime pas être en dessous, j'étouffe, soupire-t-elle.

Raoul s'arrête.

– Vous ne comprenez pas, Samantha. C'est moi qui ne veux plus.

Samantha tourne la tête.

– De toute façon, mon cher, on n'a plus le choix.

– Si, nous avons le choix. Je vais vous montrer que nous avons même « complètement » le choix.

Raoul sort de la roue, prend son élan, court et se tape la tête contre le mur de gauche.

– Qu'est-ce qui te prend ?

– Désolé. Je ne me vois pas rester ici des dizaines d'années enfermé avec vous. Je préfère mourir.

– Attends, on peut encore discuter.

Raoul recule, prend encore plus d'élan et se tape très fort la tête.

– Là, ça a dû faire très mal.

– Ça me fait moins mal que de vous entendre.

Raoul recule encore plus, se met en position pour reprendre son élan.

– Arrête ! Tu es fou !

Elle se place devant lui.

– Dégagez de mon chemin.

– C'est qu'il commence à être mignon quand il est en colère.

Il se dégage, la contourne et se cogne très fort.

– Raoul, tu n'as pas le droit de faire ça !

Elle essaie de l'arrêter.

Je fais ce que je veux. Poussez-vous !

Elle lui prend les poignets.

– Je suis prête à faire un effort.

Raoul reprend de l'élan.
Il trébuche et se relève sur ses coudes.

– De toute façon, ça ne sert à rien, dit-il, on est condamnés.

– On doit sauver l'espèce.

– Quoi ? Sauver l'espèce ? Mais vous ne vous

rendez pas compte de l'endroit où nous nous trouvons ?

— Pour Adam et Ève non plus, c'était pas gagné. Seuls dans un monde hostile rempli de serpents et de bêtes féroces. Ils ne se sont pas dégonflés. Ils se sont dit que leurs enfants trouveraient le chemin. Nous aussi nous devons faire confiance aux prochaines générations.

— Il y a des épreuves que nul ne pourra jamais surmonter. Quitter cette planète est impossible.

— Adam et Ève n'ont pas essayé de retourner au paradis. Ils se sont adaptés. Peut-être qu'au-delà de cette cage, il y a de nouveaux défis qui vont nous forcer à changer.

— De nouveaux « défis » ! Je vois déjà les cirques avec les petits humains dressés sautant dans des cerceaux enflammés.

Raoul se relève, arrange sa blouse et prend un ton de marchand des quatre-saisons :

— Humains ! Humains ! Qui veut mes petits humains ? Ils sont propres, ils sont frais, ils sont bien roses ! Humains ! Humains ! Venez voir mes petits humains. Deux pour le prix d'un. Humains avec pedigree. Humains dressés. Humains castrés qui ne font pas de saletés en appartement. Humains assortis à vos meubles, mesdames. Humains de défense qui surveilleront vos appartements durant les vacances, messieurs. Mes humains ne mordent pas. Ils savent même lécher la main qui les nourrit. Mes humains sont faciles à apprivoiser. Ils accourent quand on les siffle. Si vous n'en voulez plus, vous n'aurez qu'à les jeter aux toilettes et tirer la chasse !

Samantha s'approche de Raoul et cherche à l'enlacer. Il la repousse.

Il se rassoit, calme.

— L'humanité s'est suicidée, ma pauvre Samantha. Respectons son geste et suicidons-nous aussi. Par solidarité.

— Non. Je refuse.

— La Nature avec un grand N a dû créer l'homme pour voir ce que cela allait donner, maintenant elle sait. C'est un échec.

— Ne sois pas toujours aussi cynique. Tu es trop dur, trop amer. C'est pas possible, tu as donc une pierre à la place du cœur ?

Raoul a un sourire bizarre. La regarde, narquois.

Puis il change de physionomie. Il fixe un point, au loin. Il parle, l'air absent :

— C'était par une nuit sans lune. Je devais avoir douze ans, je me suis retrouvé en vacances

111

avec la voisine du dessous. Nous avons marché jusqu'en haut d'une colline et, de là-haut, on voyait bien les étoiles. Elle m'a demandé le nom des constellations et je lui ai raconté pour chacune d'elles à quel héros de la mythologie grecque elle se rapportait. Elle m'a dit : « Continue de parler, ne t'arrête jamais. » Toute la nuit, je lui ai narré le cosmos, les galaxies, les extraterrestres. Nous nous sentions seuls au monde, minuscules, dans un univers infini. Nous étions en harmonie complète. À un moment, elle a passé sa main dans mes cheveux, et elle m'a poussé en arrière. Nous nous sommes retrouvés couchés sur le dos, côte à côte dans l'herbe fraîche, nous tenant juste par la main.

Elle a dit : « Imagine que la Terre est un immense vaisseau spatial sphérique qui voyage dans l'espace et que nous sommes plaqués à l'avant de ce vaisseau. » Ensuite, elle m'a parlé des romans de science-fiction. Elle lisait énormément. C'est elle qui m'a donné le goût de ce genre de lecture.

Samantha se rapproche de lui, s'assoit comme une enfant qui écoute une jolie histoire :

– Et alors ?

– Après m'avoir parlé littérature, elle m'a sauté dessus, a mis ses genoux sur mes bras et a avancé son visage près du mien. Elle m'a

embrassé sans me laisser la possibilité de bouger.
Puis elle a éclaté de son petit rire. Elle sentait
le caramel.

– Elle s'appelait comment ?

– Estelle. L'étoile.

– Tu l'as revue ?

– À seize ans, je lui ai fait une demande en
mariage. Je lui ai offert une bague en plaqué or
avec écrit à l'intérieur 1+1=3.

– Que c'est beau... Et alors ?

– Un jour son père nous a surpris au lit. Il
n'a pas prononcé un mot. Le lendemain, il l'a
envoyée en pension dans une autre ville.

– Et qu'est-ce que tu as fait ?

– J'ai arrêté l'école, j'ai vidé mon compte en
banque, j'ai quitté ma maison, et je me suis
dépêché de la retrouver. Nous avons fugué.

– Ah, dit-elle, soulagée.

– Nous avons vécu tant bien que mal quel-
ques mois. Je distribuais des prospectus de pizza
à domicile dans les boîtes aux lettres et elle a
fait caissière de supermarché.

– Et alors ?

– Et alors, elle a été tuée par un chauffard,

un soir d'hiver, dans une rue déserte. Plus tard, une dame a dit avoir vu de sa fenêtre une Volkswagen qui zigzaguait. Probablement un type qui roulait ivre. Il l'a percutée et il s'est enfui. La dame à la fenêtre n'a pas appelé les secours. Estelle est restée à perdre son sang plusieurs heures sans que personne ne bronche. C'était un 24 décembre. Évidemment, tout le monde était trop occupé à fêter Noël...

Raoul a un rictus mauvais. Samantha s'approche un peu plus.

– Quand les pompiers sont arrivés, il était trop tard. Eux aussi devaient faire la fête. C'est si important de faire la fête, tous ensemble à la même heure, à la même minute. Tous ensemble à boire et à chanter.

– Ce chauffard mérite la...

– C'est moi que j'ai voulu tuer.

Un temps.

– Hélas, je n'ai pas eu le courage d'aller jusqu'au bout. Je n'osais pas sauter du haut des ponts, même si je restais des heures à fixer l'abîme en dessous. Quand je prenais des médicaments, je les vomissais. C'est pas facile d'arrêter la vie. Elle s'accroche au fond de vous, de vos tripes. Il y a toujours un morceau d'estomac qui dit : « Désolé, cerveau, je suis pas d'accord, tiens je te renvoie tout, débrouille-toi autrement. »

Il a un petit rire navré.

– J'ai pris des calmants, des somnifères, des anxiolytiques. Ça, mon estomac l'acceptait. J'ai dormi. Je ne sais toujours pas si je me suis réveillé. J'ai toujours vécu comme si tout ce qui était arrivé « après » n'était pas réel.

Il baisse la tête.

– J'ai repris une vie « normale », un boulot « normal », j'ai épousé une femme « normale ». J'ai arrêté de regarder les étoiles, j'ai même arrêté de lever la tête. Quand je marchais, je regardais mes pieds. La seule chose qui me restait, c'étaient les bouquins de science-fiction. À chaque page tournée, j'avais l'impression de la sentir. Estelle... Comme si elle était là, à côté de moi, à me souffler les titres des bons romans. Quant au suicide, je me le suis administré en version diluée. En fumant des cigarettes. C'est la manière lente. Pour l'extérieur, je suis seulement devenu un peu moins « souriant ».

– Je suis désolée. Si j'avais su...

– Ça aurait changé quoi ? Vous m'auriez regardé avec pitié. Vous m'auriez embrassé pour me consoler ? J'en veux pas de votre pitié. J'en veux pas de vos bons sentiments.

Raoul a le regard chancelant et un sourire triste comme s'il avait trop bu.

— J'ai été si stupide, admet Samantha.

Raoul fait un geste désabusé.

— Je vous envie d'avoir rencontré un jour la femme de votre vie. Je vous envie d'avoir connu aussi jeune un aussi grand amour. Je comprends que tout paraisse fade ensuite.

— C'est vous qui avez de la chance de ne pas avoir encore rencontré l'« homme de votre vie ». Cela sert à quoi, de le trouver, si c'est pour qu'on vous l'enlève après ? S'il y a un Dieu, je me demande s'il ne nous fait pas des cadeaux uniquement pour s'amuser à observer notre air déconfit quand il nous les reprend. « Tu croyais que je t'avais donné la femme de ta vie ? Trop facile. Tiens voilà, je te l'enlève. »

Samantha se place face à lui.

— Raoul... Embrassez-moi.

— Voilà autre chose. Qu'est-ce qu'il vous prend ?

— Embrassez-moi, vite.

— Non.

— S'il vous plaît.

– Je ne suis plus un homme, je suis déjà mort. Depuis longtemps. Allons, mettons fin à cette tragédie. Rideau.

Il s'apprête à se cogner la tête contre le mur, mais Samantha s'interpose :

– Non. Je vous laisserai pas mourir. Vous avez assez souffert. Maintenant vous avez droit au bon côté de la vie.

– Quel bon côté ? (*D'un air narquois, Raoul désigne ce qui les entoure.*) Je ne vois qu'une prison de verre.

– Moi. Je suis votre « nouveau cadeau » de Noël. Dieu m'a mise ici avec vous pour s'excuser pour la dernière fois.

– Ne soyez pas ridicule. Vous savez bien que vous n'en avez pas envie.

– Désormais, je le veux. Je le désire même de tout mon cœur.

Samantha commence à rouler lentement ses bas résille, comme pour un strip-tease.

– Que faites-vous, mademoiselle Baldini ?

– Je me déshabille.

Elle se déhanche.

– Est-ce que je vous plais, Raoul ?

Elle est de plus en plus provocante.

– Vous arriverez à apprivoiser mes mains cal-
leuses et poilues aux ongles sales ?

Elle danse en chantonnant.

– Vous supporterez ma mauvaise haleine ?

Samantha s'approche pour dégrafer les bou-
tons de la blouse blanche de Raoul.
Il lui retient la main.

– Et mes ronflements ?

– Ils berceront mes rêves.

Il la laisse dégrafer les boutons de sa chemise.

– Samantha, et si nous avons un enfant ?

– Je l'aimerai comme je vous aime. Pour le
prénom, j'ai déjà des idées. Que pensez-vous de
Kevin ?

Raoul, navré, se dégage.

– (*À lui-même.*) C'est pas vrai. (*À elle :*) Bon,
laissons tomber.

– Ça vous plaît pas ? Attendez, j'ai une meil-
leure idée. Un truc ancien : Abel. Ou peut-être
Icare. Hercule. Ou Noé. C'est bien, Noé. Noé
Méliès, ça sonne bien, non ? Mieux que Kevin
Méliès. Kevin Méliès, c'était une erreur. Vous
voyez, quand je me trompe, je le reconnais.

Raoul frappe contre le miroir de droite comme pour en tester une fois de plus la solidité.

– Vous n'êtes pas sérieuse. Je vous rappelle que nous sommes enfermés.

– Il y aura l'étincelle. Tant qu'il restera un couple d'humains vivants dans l'univers, l'étincelle existera et aucun mur de prison ne pourra la contenir.

– L'étincelle ou l'incendie...

– Nous devons faire confiance à nos enfants. Ils sauront mieux que nous sortir d'ici.

– J'en doute.

Elle lui murmure à l'oreille :

– Doute du doute, et tu croiras.

– Je ne suis pas croyant. Vous savez maintenant pourquoi.

– Essayez une fois, juste une petite fois. Essayez, Raoul. Pour voir.

– Désolé, je ne peux plus.

Alors Samantha lui prend le bras et lui fait exactement la même prise qu'au début.
Il est surpris et tombe.

– Raoul, si vous ne le faites pas pour moi, faites-le pour Estelle.

Elle s'allonge à côté de lui et d'une voix très douce :

– Tu les vois, les étoiles, là-haut ? C'est quoi cette constellation à droite. C'est pas Vénus ?

– C'est... c'est... ce sont des petites taches blanches sur le métal de notre prison.

– Et là ?

– C'est rien. Des traces de rouille.

– Raconte-moi les extraterrestres. Dis-moi, Raoul, tu crois qu'ils existent ?

– C'est probable.

– Ils vivent où selon toi ?

– Loin, très loin dans la galaxie.

– Et ils pourraient ressembler à quoi ?

– Tiens, pourquoi pas à des grenouilles ?

– Tu penses qu'on pourra un jour parler avec eux ?

– Ça m'étonnerait.

Elle lui prend la main.

– Imagine que la Terre est un immense vaisseau spatial sphérique qui voyage dans l'espace et que nous sommes plaqués à l'avant de ce vaisseau.

– J'ai du mal.

– Moi, je sens le vent de la vitesse qui souffle sur mon visage. Tiens, on a dépassé une étoile. Et là, c'est quoi, cette lumière ?

– Dans l'espace, on ne sent pas le vent.

– J'entends une météorite qui file en sifflant sur la droite.

– Dans l'espace, on n'entend rien.

– Je sens la chaleur du soleil dont on s'approche.

– Dans l'espace, on...

Samantha s'assoit sur les bras de Raoul et l'embrasse de force.

– Mais... mais... mais... (*Elle se relève très lentement.*)

Samantha se touche les lèvres.

– ... Est-ce possible ?

Elle l'embrasse une deuxième fois pour vérifier.

– Alors ce serait « toi » le Prince Charmant...

Un temps.

– Toi !... Celui que j'ai toujours attendu.

Ils s'embrassent fougueusement.

Une neige de nourriture se met à tomber. Samantha relève Raoul et le guide vers sa tanière de papier.

Ils gloussent comme s'ils se faisaient des chatouilles. Au début, elle rit plus fort que lui, mais bientôt ils rient de concert.

Le plafond s'ouvre et la lumière jaillit. Deux ombres géantes se profilent.

– Alors ? Tu vois quoi ? demande dans sa langue l'enfant extraterrestre masculin.

– Ils se sont cachés sous le papier, répond l'enfant extraterrestre féminin.

De nouveaux rires viennent de sous le papier.

– Tu crois qu'ils ont compris ce qui est arrivé à leur planète ? questionne l'enfant extraterrestre féminin.

– Papa dit qu'ils sont très intelligents. Il paraît qu'ils commençaient juste à voyager dans l'espace quand leur espèce s'est éteinte.

– Maman m'a dit que quand la femelle est grosse, elle ne pond pas des œufs mais des êtres qui sortent directement vivants de son ventre !

– Berk !

– À chaque portée, ils n'ont qu'un ou deux humaniots tout au plus.

– Tant mieux, parce que ça coûte cher. Entre la nourriture, l'eau, le papier, sans parler des objets décoratifs... j'en ai eu pour pas mal. Tant pis, s'ils font des petits, je les noierai.

– Ah... Je t'envie d'avoir les deux derniers humains. Moi, j'ai des Zowaliens de la planète Askol. Ils puent et ils n'arrêtent pas de dormir. Tu parles d'animaux de compagnie !

Les rires en provenance de la tanière se transforment en murmures puis en doux gémissements.

– Si tu as un humaniot, plutôt que de le noyer, tu ne pourrais pas me le donner ?

– D'accord, mais il faut faire gaffe, ils sont très méchants. N'approche pas tes doigts de leurs gueules, ils ont des petites canines pointues, ils peuvent mordre. Et puis, ils griffent aussi.

Les bruits d'amour s'atténuent, puis s'arrêtent.
Un instant de silence. Puis soudain Raoul se met à ronfler, très vite suivi de Samantha qui ronfle encore plus fort.

– T'entends ? chuchote l'enfant extraterrestre féminin. Comme ils sont mignons. Ils se sentent tellement bien ici qu'ils... ronronnent.